起業は最上の冒険である。

道なき道をいく
ベンチャー起業家と
そのカンパニーの物語

CROSS GROUP 代表
山口孝志

はじめに

この十年、本当に色々なことがありました――。

二〇一九年の秋、クロスリテイリング株式会社は創立十周年記念パーティを開いた。創立者であり、現在クロスグループ代表である山口孝志は、このような挨拶で会をスタートさせた。

徒手空拳で事業を起こしたものの、当初はまったくうまくいかなかった。それでも支えとなってくれた家族への、ともに歩んでくれたすべての社員への感謝。

何度も壁が立ち塞がり、それらを乗り越えるうち、いつしか自社につながるすべての人の幸せこそが事業成長のための目標になったこと。

元々は、投資教育によって起業するきっかけをくれた友人がいたこと。道半ばにして亡くなった彼が決してお金では幸せになれないと示してくれたこと。

「――お金が人生を狂わせてしまうという話は本当によく聞きます。どう儲けてどう使ったら正解なのか、本当に難しいです。翌日なのか、一年後なのか、それとも十年後なのか分かりませんが、お金の使い方を誤れば、将来何倍もの不幸を連れてやってくる。お金というのはそういう性質をそもそも持っているのだと思います。

彼が死んでからは毎年、本来であれば今日この場に立っていたかもしれない彼の墓前に、春になると妻とともに訪れています。お墓の掃除をして、花と、彼が好きだったセブンスターと缶ビールを供え、会社の一年の報告をしていると、彼がこれからの経営の答えを教えてくれているような気がします」

世界の経済成長から取り残されたような近年の日本でも、起業を志す者は少なくない。しかし、長続きできないのもまた事実である。そのほとんどが一年あまりのうちに廃業してしまうという。ましてや十年を越え、存続するだけでなく年々成長を続けられるのはほんのひと握りだ。

クロスリテイリングは、インターネット動画を通じたＦＸ投資教育のオリジネイターである。ライバルが生まれては姿を消す業界で常にトップを走ってきた。十年を過ぎた時点で会員は約三十万人を超えている。信頼と支持を得てきたなによりの証だろう。

〈失われた三十年〉のなかで出発し、平坦ではない日々を乗り越えてきた。

ここには、才能と情熱と絶え間ない努力を元手に、前進だけは諦めなかった、ひとつのベンチャー企業の冒険の物語がある。

目次

第一章

「嵐や霧や吹雪が君の行く手を阻むこともあるだろう。そんなときは、君と同じような目にあった連中のことを考えて、自分にただこう言うんだ。他の者にできたことなら俺にもできるってね」

サン＝テグジュペリ『人間の大地』（渋谷豊訳／光文社古典新訳文庫）より

変化が背中を押す

投資においては、タイミングが最も大きな意味を持つ。

売り買いに携わるタイミング、やめるタイミング。

それを的確に実行するためトレーダーに必要なのは経験と信頼性の高い技術だという。

山口孝志がこの世界に足を踏み入れたのは二〇〇〇年代初めだった。

株のオンライントレードが誕生した頃だ。

この時代、パソコンとインターネットは普及の途上にあり、スペックもインフラもまだまだ原始的であった。株・為替の個人取引きにいたっては、法律が整備され誕生したばかりだ。

トレーダーは増えつつあったものの、日常風景となるには程遠く、やっと起こり始めたムーブメントの入り口と呼ぶようなものだった。山口は、ずいぶん初期からその場所にいたわけである。

右も左もわからず歩み始めたのは、トレーダーたちだけではなくオンライントレードそのものであり、山口が味わった様々な経験は、そのままオンライントレード全体の歴史でもあったのである。

†††

昭和の後半、西暦でいえば一九七〇年代から八〇年代末頃に北陸で生まれ育った。同学年は人数が多い。団塊の世代の誕生ラッシュ以来、初めて出生数が二百万人を超えた年の生まれだ。

少子化を続ける現在の日本とは正反対である。特に地方都市では、今週いったい何人子どもを見かけることができたのだろうなどと考えずにいられないのが二十一世紀の日常であるが、当時の街路には、たくさんの子どもたちの声が響き渡っていた。山口自身の記憶にも、放課後、バットとミットをもって神社の境内に集合して、日が暮れるまで野球をした風景が鮮やかに刻まれている。

外を駆け回る牧歌的な風景ばかりではない。この頃は子どもたちにまつわる多くの物事が転換期を迎えていた。少し前にはゲームといえばトランプ、メンコ、ボードゲームとアナログ玩具を指していたのが、電子機器が登場している。

カラーテレビの普及率が九〇パーセントにまで到達したのは一九七五年といわれるが、それから十年で任天堂ファミリーコンピュータが大ヒットした。多くの子どもがエンジ色と白のコントローラーを握り、「スーパーマリオブラザーズ」に夢中になった。

小学生から高校生まで、多くの男の子が「週刊少年ジャンプ」「週刊少年サンデー」を毎週読みふけり、同じ流行りの歌謡曲を歌った。

夕食は家族でテーブルを囲んで食べ、大人の男はみなタバコを吸っていた。


やがて平成に時代が変わり、山口は東京で大学時代を送る。

「山口はどうすんの、就職？　それか大学院に行くんだっけ？」

友人に聞かれたのは大学四年生の春だった。

そう、二年生からもう就活を始めようかという現代からすれば実に隔世の感があるが、当時の就職活動は四年になってからだった。春の終わりから夏頃にかけて、慣れないリクルートスーツを着て相談会などに大挙して押し寄せたものだ。

「オレ、公務員。田舎へ帰って。試験受けるから受験勉強中」

そう答えた。あえて宣言してはいなかったが、以前からなんとなくその方向が見えてはいたのだ。

「受験勉強？　就職試験より大変なんじゃね？」

この手の、進路を話題にする会話には、数年後に訪れるような悲壮感はない。明るく軽かった。

大学生自体は三十年経っても、日本で育っている以上、それほど変化していないかもしれない。かなり真面目になったとは言われるが、それにしても多くがそうであるように、入学から卒業まで将来に対する確たる計画は持っていないようだ。

にも関わらず、決定的に違うのは当事者たちの「気分」だろう。

確かに、九〇年代半ばの世相にはすでにバブル時代の浮かれ騒ぎはなかった。

就職難は少しずつ始まっている。数年前、誰でも彼でも高給で雇い入れていた企業が、団塊ジュニアの大人数を受け入れる余裕をなくしていた。

それでも根拠のない「どうにかなるさ」という楽観的な気分が世の中にまだ残っていた

のである。バブルは経済的にはほとんど残すものはなかったが、数十年経っても抜きがたい精神構造を持つ世代を生んだ。バブル入社組に続くバブル直後入社組とでも呼べるだろうか。

――たとえ就職できなくても最後はアルバイトでなんとかなる。

悲観的にならず、そう思えた。「フリーター」が自由で気楽な生活を象徴する言葉として生まれたのはこの頃だ。

フリーは自由の意味。

まるで自分で選び取ったかのように、アルバイトをはしごして、あるいは転々としてという生活を受け入れていた。

ともあれ、新卒の就職状況は、大手中小とも新規採用数を減らし始め、元気なのは生まれたばかりのＩＴ業界（まだそんな呼び方をされていなかったが）とクレジット関連会社ぐらいだった。

そんな中、人気が高い進路があったのである。

当時、地方出身で都会の大学に通う若者の多く、というほどでもないが一定数はＵターン就職の道を選んだものだ。

なかでも公務員は良い選択肢とされていた。将来が安定しているという印象があったからだ。

実家へ戻り、あるいは近くに住み、やがて結婚して一軒家を建てて、会話の大半はクルマか地元の噂話、という暮らしへと入っていく。

こちらも感覚が違う。

現在では、大変な仕事ぶりをみるにつけ、公務員を選ぶ若者には「ご苦労様」と声をかけたくなる世の中になってしまった。

九〇年代、大学はレジャーランドといわれ久しかった。講義をサボり遊んだ。

しかし、多くの学生たちにとってそこで過ごした青春時代が無駄だったわけではない。むしろ、後に大きな意味をもつことになる経験を残した。

山口にもいくつかある。

大きなところでは、オーストラリア留学がある。

右も左もわからないカンガルーとエミューとコアラの国で、世界各地から来た学生と、言葉もうまく通じないまま交流をもった。

バックパッカーとなり各国を歩いたことも人生に影響を与えた。若いうちに異文化、自分の理解が及ばない世界に触れると、その謎がいつまでも脳の片隅に残り続けるものだ。人生の場面場面での選択を辿ってみると、当時の出会いに源を発していると気づくことがある。

旅が好きにもなった。

服や自動車で生活を贅沢に飾りたいという物欲は五十歳を手前にしてついに身につかなかったが、金銭的な余裕があれば海外旅行へ出かけることだけは欲望として常にあり続けている。

最近、日本では海外旅行をする若い人が少なくなったといわれる。

あの頃は違った。誰も彼も、バイト代を貯めて気軽に出かけていた。

卒業旅行ならアジアのリゾート地かヨーロッパ。苦学している者たちは多くいたが、授業料や生活費が昨今ほど苦しい状態ではなかったのかもしれない。

当時は、沢木耕太郎が書いた紀行小説『深夜特急』のような旅行に憧れる若者の一群がいた。

中国から東南アジア、インド、中東。日本とヨーロッパの間にあるユーラシア大陸の各国へ向かう。旅の大半は、暑く、埃まみれで、不便、そしてなによりエキゾチックな土地だった。

貧しく、人間がむき出しで生きているような場所であるほど人生の真実に目覚めるとされた。

カルチャーショックを通して自分探しをする。違法な薬物を味わい、治安の悪い場所で危険な目に遭って、一度や二度はパスポートごと荷物を紛失する、そんな体験をしてこそなのである。

世界一周といえば豪華クルーズ船の乗客としてするものではなく、洗いざらしのTシャツにGパン、真黒に日焼けし、髪とヒゲをのばし放題にして、現地の子どもたちに囲まれ笑顔で撮ってもらった写真をたくさん持って帰ることだった。

一方で、海外旅行がしやすかった要因の一つは日本が置かれた経済状況にあった。円高だ。

どこの国の住民でも働いた対価は自国の通貨で受け取る。ドル、ポンド、円、元、バーツ。それを現地の通貨と交換して支払いに使うと、国内での支払いとは違う規模になってしまう。日本でレストラン一食分の代金にすらならなくても、ベトナムでは六食分になる。つまり一ヶ月分の食費で六ヶ月食べられてしまう。

安宿を利用したケチケチ旅行であれば、日本の新卒サラリーマンの月収で数ヶ月は何もしないで楽に過ごせた。

日本のバックパッカーたちの背中を押して海を渡らせた大きな武器は、為替バランスだったのだ。

あれから時が過ぎ、二〇二〇年の現在は逆に円安だ。だから当時とは逆に各国から観光客が日本にやってくる。

旅行者は、ひとつひとつの楽しみに費用がかからず、一度の旅行で様々な体験ができて、休暇を気持ちよく過ごせればどこでもいい。

シンガポールがそうであればそちらへ行くし、ベネズエラが観光しやすいとなれば南米でのバケーションプランを練る。英語がほぼ通じなくても治安がよく清潔な国と、バケーション慣れしてあらゆる客層のための準備が整っている国のどちらを選ぶか。そこに安価という要素が加われば、いい勝負になる。

五輪やW杯などの、数年に一度、大挙してやってくるイベント客とは違い、毎月毎年多くの「計算できる」観光客が金を落としていけば、そこに商売が成り立つ。生活を託す業種が現れる。他国からの客に食事と宿泊所を提供し、観光というサービスを売る。ひらたくいえば輸入である。

二十数年前とは立場が逆になった。

山口たちバックパッカーが各国へ行ったのと同じ状況が、中国・韓国・欧米などの客によって日本で生み出されているのだ。

景気動向を左右するまでの一大産業である。

輸出入やインバウンドに関わっていなければ関係ないようでいて、誰もが自国通貨の相対的価値に導かれて過ごしている。

山口はアジア各国を徒歩でまわった。命からがら、危機一髪のところで強盗のもとから逃げ出したこともある。そして、旅先で一緒になった各国の若者たちと同様、年をとったらもうこのようなギリギリの旅行はしないぞ、と心に決めたのでもあった。

彼らとは様々な話をした。時間はたっぷりあった。

明日の食事のこと、次に行く国のこと、以前に行った場所のこと。世界のこと、自分の国のこと。

その中に、参加しづらく、彼らが熱心に語る、ひどく大人びた話題があった。

〈投資〉である。

当時からすれば想像もつかないことに、それは後の人生そのものになっていく。

†
†
†

卒業後、公務員として地元で就いた仕事はソーシャルワーカーだった。

意義のある仕事だ。社会を構成する様々な立場の人々と話をした。

三年間勤めて辞めた。

どうしても公務員に向かないと悟ったからだった。宮仕えどころか、一般の会社も無理ではないかと考え始めていた。毎日決まった場所へ通勤し、与えられた仕事をしていると、「もう無理だ」と心が騒ぎ始める。

そして、またしばらく旅へ出た。

投資の時代

一九九八年、山口は故郷の町で再び働き始めた。

どこかの企業に雇われることは考えていなかった。三年間、公務員として働いて得た結論は揺るがしがたい決心になっていたのだ。

しかし、地方都市ゆえ、仕事の選択肢は多くない。

やっと見つけたのは、知り合いが経営する塾講師のアルバイト。

もちろん、その給料だけでは生活していけない。時給が低かったし、授業のコマがない曜日もある。

夕方までは体があいているので、他にも何かないかと探した。観光客相手のカメラマンが見つかった。ツテがあり、家庭教師もできることになった。

朝七時、人が集まってくる前の観光地へ向かう。見物客がやってくると、写真を撮り、それを急いで皿にプリントして、見学を終え帰ってきた彼らに買いませんかとセールスする。これは数年続けた。気に入った面白い仕事だった。

三つの掛け持ちをして、ほぼ週七日、労働時間は毎日十六時間。それでも月収は全部あわせて手取り三十万円いかないほど。もちろん年金も健康保険も自腹で納める。

公務員時代より圧倒的に仕事漬けとなり、心身ともに消耗しきってしまった。

なぜそこまでして働いたのか。

それには理由があった。

海外旅行から帰ってすぐ結婚したのだ。

妻は看護師の資格を目指して学校に通っていた。

いくら勤め人が嫌だとはいっても、ふらふら遊び歩いているわけにはいかない。必死になって働いた。

当たり前だが、しばらくそんな暮らしを続けていると、すぐに限界が見えてきた。心身ともに疲れ切ってしまう。

バイト生活では先がない。どうにか安定した生活を構築しなければならない。子どもも早く欲しかった。もっとも、そうなればいずれ金は足らなくなるだろうし、プライベートのないこんな毎日では子育てなどできない。

山口は、しばらくあれこれ考え、ほどなく結論に達した。

自分でビジネスを始める。

思えばそれが人生における二つ目の大きな決断だった。

辞めたことと、始めたこと、だ。

では何をやるか。田舎の町では選択肢が限られている。かといって、都会に戻る気はなかった。

手近なところで、学習塾の経営に目をつけた。

理由はいくつかある。

まず、元手がいらない。場所とホワイトボードさえあればいい。子どもたちに受験勉強を教えるのが性に合ってもいた。

徒手空拳でプロジェクトを始めるのは、山口にとって、この後、何度も繰り返すパターンだ。アイディアがあれば、準備よりも行動を優先する。

何もないところから成果をあげる。まずはどうマネーが動くかの計算が先立つバブル的なビジネスの発想とは違うものだ。

しばらく雇われ講師として働きながら経営のノウハウを学んで、自分の塾を開いた。二十七歳になっていた。

†††

この年は、日本の社会にとって大きな意味を持つ。

山と谷を繰り返しながらも戦後三十数年続いた経済成長は、八〇年代後半に株と不動産の暴騰によってピークを迎えた後、幕を閉じた。

そして出口の見えない下向きの成長が始まった。その様相がまざまざとむき出しになったのだ。バブルが崩壊して以降先延ばしにされていた終末は、ごまかしきれなくなり、はっきりした奈落の底の風景をあちこちで出現させていた。

現在五十代、六十代になったバブル期社員の特徴といわれる「なんとかなるさ」という根拠のない楽観論は、当時の社会にまだなんとなく残る気分だったが、この年、倒産企業が「バブルがはじけた」後で最高数となるにつけ、さすがに当事者とならなくとも、はっきり危機を自覚し始めたのである。

長年のあいだ最後の砦と考えられていた銀行が次々と破綻した。

バブル当時、まさに「イケイケ」だった証券会社。その中でも名実ともに最大手と受け取られていた山一證券が倒れた。

とはいえ、生まれてからずっと上を向いて歩いてきた社会は、その方向に自分たちの居場所がなくなったことを急に納得できない。おそらくこの時点では、まさか苦しい状態がこれほど長く続くとは誰も考えていなかったであろう。

そのうちまた好転するさ、景気が良くなって人手不足になり、職を失った人は家族に贅沢をさせるほど儲けるようになり、一攫千金のジャパニーズドリームが到来する。心の底でまだそんな幻想を抱いていた。

そうはならない。二十年が過ぎてしまう。何度か小さな浮上の様相を見せることはあったが、泥だらけの道は続く。

若者たちにはより深刻な状況だった。十年以上にわたる就職氷河期の到来だ。

十年といえば、まるまるひと世代である。その間に社会へ出ようとした多くの者が躓かされてしまった。

彼らにはもう甘い夢など見る余裕はなかった。救われない状況へ否応なく放り込まれ、そこで大人になることを余儀なくされた。

†††

地元の学習塾がスタートした。場所は小学校の隣の施設を借りられた。

開校当初こそ、目論見通りいかず戸惑うこともしばしばあったが、ほどなく生徒が増え始め、ついには小学生から高校生まで六十名ほどの生徒が通うようになった。

うまくいったのだ。

「山口先生の授業は面白い」

生徒たちの評価が口コミとなった。

この塾は投資とそこから発展したFXビジネスで成功してからもしばらく続いた。生徒が通ってくれる以上、途中で放棄するわけにはいかなかったのだ。

午後三時になると、小学生がやってくる。三年生が最低学年だ。その日の授業が始まると、時間を追うごとにぽちぽちと子どもたちが集まってくる。

学習塾のにぎやかな一日がスタートする。高校三年生の講義が終わる十時過ぎまで、全国どこの街でも日々繰り広げられている子どもたちと講師の真剣勝負の時間だ。

この時代、彼らはテレビゲームに夢中だったが、スマートフォンは影も形もなく、授業中にLINEのチェックなど近未来のSFだ。携帯電話も普及はまだまだ。二十世紀の多くの少年少女は、どうしても連絡をしたければ塾内の固定電話か、外にある電話ボックスまで行って公衆電話に十円玉を放り込むしかなかった。

生徒数がコンスタントに確保できたおかげで、山口家の収入は安定していった。寝る間を惜しんでバイトに追われることはもうない。とりあえず一安心といったところである。

そして、物事は好転し始めると勢いを得るものである。

長男が誕生したのだ。

あてもなく公務員の職から飛び出し、アジアの街角で日がな一日ボンヤリ過ごしていたのは、わずか数年前だ。一家を構える、などとは古い表現だが、突然、地に足をつけた生活を手に入れようとしていた。

しかし、そうなったらなったで再び「このままでいいのか」という疑問が頭をもたげるのが山口であった。これは今でも変わらない性格だ。

他に何かしなければならない。

将来に不安はないか？　そう問われれば、誰でも「ある」と答えるだろう。特にあの世紀末には、社会全体が坂道を転がり始めたと意識し始めていた。では、皆が今までのやり方を見直して貯えを得ようとしたかといえば、そんなことはなかった。ため息をつき、なるべく身を縮めて現状を維持することを心がけていたのだ。

学習塾の未来に確信はなかった。

正直言って、二十年先に巨大チェーンを築いて全国各地に塾を展開している自分の姿は思い浮かべられない。

そこで――。

資産形成の手段として山口が選んだのが、株式投資であった。

この発想は、振り返ってみれば突飛なものではない。時流に沿ったものだったのだ。

ミレニアムのあとさき

当時は、バブル崩壊によって低迷を続けた金融市場に再浮上のきっかけを与えるため、さらに日本経済を上向かせるため、政府主導の「日本版金融ビッグバン」が立て続けに施行されている最中だった。

特に個々人の資産形成については、橋本龍太郎首相による宣言ともいうべき「わが国金融システムの改革」（一九九六年十一月）の冒頭に綴られている。

間近に迫った二十一世紀の高齢化社会に備え、資産運用をするべきであり、そのために個人投資家が参入しやすい株式投資のシステムづくりをするという。

昨今でも繰り返し話題になるが、この頃すでに政府が率先して「老後資金を株式投資で」との考えを広めようとし始めていた。

そのための株取引に関する手数料の自由化であった。より多くの人々が株主になろうという気になり、あるいは資金を投入し、市場に資本が増える。

これは、同じ株取引についてであっても、十年前のバブル期、天井知らずの株価上昇がもたらした「あるだけ使ってしまえ」という刹那的な風潮とは真逆だ。

今のような経済状況が続けば、老後に辛い生活が待っているかもしれませんよ、という危機感を宣伝材料に証券会社の営業マンたちは自社の新商品を売り込んでいた。

そういった風潮が、山口の資産形成への関心にどれほど影響を与えたかは今となっては測りようがない。

だが、ひとつ確かな理由はあった。

実体験である。

留学先やバックパッカーの旅の途中で出会った欧米出身の若者たちは、口々に資産運用「Asset management」という言葉を口にしていた。

収入、貯蓄を分割し、どれだけの割合でどのような投資にまわす——つまりポートフォリオ——ものなのか、将来どのような規模の資産を築くつもりか、熱心に語っていたものだ。

アジアの安宿の汚れたベッドに腰掛けて、あるいは路上のカフェで甘ったるいチャイを飲みながら、次に行く国のビザ取得情報を交換し合うのと同じ調子でコンピュータだの情報サービスだのと、今後注目すべき成長産業への投資について熱心に語る彼らは、山口には不思議な存在に思えた。

「ついていけない」

何を言っているのかと思った。

若者の多くがそうであったように、山口にとって「資産」も「投資」も別世界の夢物語だ。

しかし、彼らの言葉に心を動かされてもいたのである。数十年間、ずっと忘れなかったのがその証拠だ。

定職はなく、ギリギリの費用だけで日本を飛び出してきた身であった。将来の不安なら、むしろ彼らどころではない。心配がバックパックを背負って歩き回っているようなものだった。

当時の日本人が「株で儲ける」ことについて持っていたイメージは、まず第一にギャンブル的なもの、あるいは大金持ちが会社経営のために保持するものだっただろう。

また、映像として脳裏に焼きついているのは、会社の株価がうなぎのぼりとなり、給与が上がり続けた会社員たち――大きな肩パットの入ったスーツとボディコン姿の――がディスコで派手に遊び、夜中の六本木で札束を振ってタクシーをつかまえようとする姿だったろうか。

あるいは、バブル崩壊による株価下落に歯止めがかからず、苦虫を噛み潰したような顔で電光掲示板をにらみつける東京証券取引所の仲買人の顔だったかもしれない。

なんにせよ、個人が給料や貯蓄を使って、家計の安定のために運用する堅実な方策とは雲泥の差だ。

山口は、欧米の旅人の言葉を自分の耳で聞き、自分がその中で育ってきた常識とのあまりの違いの大きさにカルチャーギャップを感じたものだった。

数年後。

安定してきた収入を元手に資産を増やすべきだと感じ始めたところに、たまたま手に取ったとあるビジネス書の記述を目にして、あの時の彼らの言葉が脳裏にまざまざと浮かび上がってきたのである。

またもや一九九八年が重要になる。

松井証券がネットを利用する本格的な個人投資家向けサービスを始めた。オンライントレードの端緒だ。翌年、株式委託手数料が完全自由化されたことによって、多くの証券会社がこの分野に参入した。

さらに、この年は、ＦＸにとっても歴史に残る。金融商品としてのＦＸ＝「外国為替証拠金取引」の誕生だ。

それまで、個人ができる外国通貨を使った「取引」は、ただの交換、つまり両替のみだった。それが外国為替取引の自由化で、個人と一般企業にもトレードが可能になった。十月八日にダイワフューチャーズがこの商品「ＦＸ」を提供し始める。

政府主導の金融の自由化によって新しく自由な立場の投資家が誕生した時代であった。つまり、彼らの歴史は二十一世紀とほぼ同じ長さである。

個人が自宅で株を取引きする道が開かれたとはいえ、パソコンもインターネットも、現在から考えればおそろしく原始的で重く遅かった。いってみれば、寝起きのカタツムリぐらいの動きだ。

それでも以前に比べれば、革命的な状況変化だったであろう。

特に証券会社が自社サイトで提供する取引きのチャートは、従来からの個人投資家に熱狂を呼び起こしたに違いない。

以前、市場の立会人でもない一般人が時々刻々変わっていく株価をリアルタイムに知ることができたのは、証券会社の店頭か短波ラジオで延々と読み上げられる株式市況ぐらいしかなかった。

それが自分のパソコンモニターにグラフィカルに映し出されるようになった。その便利さはまさに時代の進化を思い知る光景だったに違いない。

一方、この時初めて投資デビューした人々はどうか。

彼らは手間と時間のかかる、証券会社の担当者を通した煩雑な売買を知らない。オンライントレードこそが投資である。その第一世代だ。

それは投資との新たな付き合い方を促した。

だが、たいていの時代がそうであるように、現実は人間に甘いばかりではない。

入門者であろうとベテランであろうと、ここから数年の間に世界と金融市場に起こった様々な出来事は、あらゆる投資家にとって過酷なものとなっていく。

投資入門

山口は躊躇しなかった。投資を始めるのだ。

株取引に必要なもの。

資金。

証券会社の口座。

購入する株の銘柄。

入門者は誰でもそうだろうが、最初に投入する資金については慎重だった。

考えた末に用意したのは三十万円。

初心者にとって、この「慎重」という表現が何を意味するかは難しい。おかしな話だが、減ってしまっても大きな問題にはならない金額ではない。少なめで、とは思っていても全て失うなどという想像は頭の片隅にもない。

ようするに、増やす、というか増えてしまうつもりの資金だ。

口座は申し込むとすぐに作れた。意外なほどあっさりしている。

問題は最後、株の銘柄だ。これがとても難しい。

株式を公開している企業は山ほどある。製造業も運輸業も飲食業も、それこそ金融関連業も、あらゆる産業分野があって、どこから見ていったらいいかわからない。

当然、株取引の専門家が推薦する銘柄から選ぶことになるわけだが、そのリストからですら選択は難しいものだ。

だが山口は入門者に似合わず、迷わなかった。即決で約二十万円分を購入した。そして儲かったのである。

どんな銘柄を買ったのか。

一九九九年三月の国会で、翌二〇〇〇年四月から六歳未満の子どもを自動車に乗せる場合にチャイルドシートの使用を義務付ける改正道路交通法が成立した。

そのチャイルドシート・メーカーの株が値上がりする前に選びとっていたのだ。

山口が株を購入してすぐ、株価は上昇した。手放した時の価格は取得時の二倍以上。五十万円になった。

なぜチャイルドシートに目をつけたのか。

難しい話ではない。ちょうど自らの幼い子のため購入しなければならないと考えて、様様な商品を検討していたのだった。タイミングよく法改正の時期と重なった。

これから世の中に必需品として広まっていく、まさに言葉通りの有望株だ。プロの相場ウォッチャーであれば、実質的価値に見合わない安すぎた株価であり、「値頃感」のある銘柄と表現しただろう。

ビギナーズラックだった。たまたまよく知っている分野が出題されたテストのようなものだ。

もちろん、そんな実力では次の問題、その次の問題が解けるとは限らない。テストなんて簡単だと思って油断しているといずれ失敗する。

初めて大きな壁に直面したのは一年後だった。

当初は、上級者から見れば無茶な取引きを続けていたが、不思議と大火傷を負うことはなかった。値上がり傾向にある株が少し値下がりすると買い、再びある程度値上がりすれば売る、を繰り返していた。

取引きの回数は多かった。どれだけ売買したか記憶に残っていないほどだ。市場が開いている昼間の時間帯は塾が始まる前だからちょうどよかった。パソコンにはりついて、チャートを睨み続け利益を積み上げていた。九時五時の会社員や公務員であればできないワザだった。

今から考えれば、無謀ともいえる強引なトレードで勝ち抜けていたことには事情があった。ＩＴバブルだ。アメリカに源を発する、新産業への期待と実態からかけ離れて過剰に資金が流れ込む流行は、アジア各国に飛び火し、日本でもハイテク株を中心に市場は活況を呈した。

山口含め、日本の投資入門者にとっての黄金期は、怖いもの知らずの素人の強気な取引きを許容していた。

しかし、あっという間にＩＴバブルは弾けた。

二〇〇〇年四月十七日を境に、上がっていったのと同じぐらいの勢いで暴落する。しかもそのまま下がり続け、二年後には一九八四年以来の安値をつける。十年前のバブル崩壊直後どころではない。二十年前の水準に戻ってしまった。

山口はＩＴバブル崩壊の余波をそれほど受けなかった。手当たり次第の売買の熱狂から守りつつ伸ばす方法へ、手堅い方向へと転換を図り始めていたからだ。

うまくいっていると不安になるのは、人としての常だといわれる。得すると思えば利益を守るため慎重になり、損をするのではと考えるとリスクを忘れて大胆になる。

そんな法則に似て、安定しているだろうと思われる種類の銘柄に手を伸ばしていた。大手銀行株だ。今も昔も誰だって間違いない、堅実なはずだと思うだろう。

証券用語に「質への逃避」という言葉がある。

金融危機などで株への信頼が低くなると、国債のような、より手堅い投資資産へと鞍替えすることだ。山口はまだそこまで追い込まれていなかったものの、銘柄については再考したのだった。

ところが、そんなはずはなかった場所にこそ落とし穴が待っていた。ある日の市場で急激に値を下げてしまったのである。

この時期、金融機関には統廃合の嵐が吹き荒れていた。野放図なやり方がたたってバブル期に抱え込んでしまった不良債権の処理ができないまま、活路を探していたのだ。

二〇〇〇年に統合した銀行は二十八行、金融に枠を広げて証券・保険会社を数えれば実に四十一社にのぼる。本来であれば、統合はより強大な企業へと変革するための基盤強化であるから、株価が下がるはずはなかった。以前の統計からみても統合した銀行の株は上がる傾向にあったのである。安定株だった。

それが下がった。

統合が発表された途端、ぐんぐん値を下げていったのである。

だが、モニターを睨んでいた株保有者の誰もが、それでも期待を捨てなかっただろう。まさかこのままということはあるまい。下げれば上がるのだ。だが、止まらなかった。

山口が諦めて保有株を売り払ったのは、ここ一年あまりで得た利益のほぼ全部が弾け飛んだとわかった時だった。ネット投資での初めての大敗だった。

ただし、元手はまだあった。吐き出したのは投資で儲けた分。つまりもともと自分のものではなかった分だ。

銘柄を変えればいい。市場では危機的とセンセーショナルに言われていても、毎日取引きは行われていて値が上がる株もある。目の付け所がよければ、たかが個人の負け分などすぐに取り戻せるはずだ。成功体験はすでに得ていた。一度は短い期間で大金を手にしたのだ。やり方はもうわかっている。

入門者がなかなか勝てるようにならずランクアップできないのは、このギャンブル的思考から抜け出せないせいだといわれる。執着し、熱くなってしまう。しばらく休んで相場の勉強をし直す選択もできるのに止められない。

情熱には理性のブレーキが必要だという意味の言葉を、アメリカ建国の父ベンジャミン・フランクリンが残している。やる気がなければ何事も始められないし、続けられもしない。ただし、同時に醒めた視点も持ち続けなければならない。

ＩＴ株も金融も、世の中が必要としている分野だ。いずれ持ち直すのはわかっているが、今すぐではない。だから避けた。輸出は低調なので製造業が直近で値上がりするとは考えにくい状況だった。

山口が選んだのは資源分野、石油関連株だった。安定しているに違いない。

だが世界はとてつもない方向へ動く。

二〇〇一年九月十一日火曜日。アメリカ同時多発テロ。

死傷者九千人以上、これをきっかけに始まった戦争での犠牲者を合わせれば、非常に多くの人々が犠牲になった。

NY市場はこの日から翌週の月曜まで取引き停止となったが、東京市場は通常営業した。寄り付きは静かだったという。だが、徐々に売り先行となり、どんどん値が下がる。パニック。誰もが持ち株を売ろうと焦った。この日、世界中で株が暴落した。

東京市場もほぼ全銘柄にわたるストップ安となる。

東京証券取引所はその週の残りの三日間、九月十二日水曜日から十四日金曜日まで、値幅制限を半分に縮小していた。

つまり、通常よりもストップ安の価格が高くなり、買い手がいようといまいと、それよりも低い株価をつけることはできない。大暴落を防ぐためだった。以降二十年近く経ち、市場には危機が何度か訪れたが、もう一度この処置が取られたことはない。

翌日、株価は反発した。

付和雷同で動く市場の怖い一面をよく表したエピソードだ。

そして、一ヶ月後の十月十一日、平均株価はテロ前日の水準を超える。日本市場への影響は限定的に終わった。

再開したアメリカ市場では当初ダウ平均株価が過去最大の下げ幅を記録したが、その波及によって世界同時株安から恐慌へと進むことはなく、下がり続けた株価は十日後に反転し、二ヶ月後、テロ以前に戻った。

そもそもニューヨーク市場は休んでいたのである。そこで暴落が起こり、波及したのならわかるがそうではなかった。開始すると暴落するかもしれないという予測が恐怖となり、危機的状況を発生させたのだ。

山口の手持の株も急落した。買った値段の五分の一まで下がって、ようやく手離れができた。しばらく維持していればよかった？　いや、そんなセリフは後になってから言える他人事だ。世界中のトレーダーが恐慌の悪夢を見てしまったのだから。

この事件は何を表しているのか。

投資はワールドワイドに広がった、という事実だ。

世界金融の中心地で起きた事件が、日本の地方都市にいる投資入門者を直接揺さぶったのだ。パソコンモニターを通して。

日本でオンライントレードが誕生して数年。その初期段階で、新規参入組トレーダーにとって思い出深い苦く過酷な経験をする一日となった。

山口個人にも投資入門の頃の大きな出来事として記憶に刻まれた。

もともと家族との将来が不安で始めた投資だった。なのに、いつの間にかその将来を参加費としてゲームをプレイしていた。本末転倒だ。

FXトレーダー

株は、やめた。

肌に合わない。計算できない局面が多すぎる。

例えば世界経済に大きな出来事が起こり、インパクトがあるとする。株価は大体において下がるはずだ。が、そうでもない、もしくは、そうでもないのではないか、とトレーダーに思わせてしまう銘柄もある。

業種や銘柄の事情の幅が大きすぎるのだ。株を発行している業界や会社自体がどうであるかによって変わってしまう。

納得できる予測を立てるところまでいかない気がする。

しかし、投資をやめる気はなかった。

一九九八年に誕生したＦＸを試してみることにする。

この新しい資産形成術は、急激に参加者を増やしていた。

最初期には電話で売買の注文を出さなければならなかったが、株取引と同様に、インターネット利用が可能になったことで一気に参加へのハードルが下がった。

少ない資金で始められる。数千円から参加できる。

取引きについての考え方がシンプル。一見、株ほどの情報収集は必要ないと思える。

二十四時間、いつでも取引きできる。

良いことばかりではない。

新ビジネスをチャンスとみた海千山千の業者が次々に新サービスを謳い文句に参入してくる中で、悪質なものも現れていた。

ほぼ規制がなかったため、やりたい放題であり、被害者を生み、行政が介入するほどの大きな社会問題となっていく。

何かを摑もうとする人々と、何かを企む猥雑な連中。

大きな可能性を持つ新しく有望な分野がそうであるように、混沌としつつエネルギーに満ちた状況にあった。

山口の目に魅力的に映ったのは、「スワップ」だった。

各国の通貨はそれぞれ金利が違うので、売買すればその差益を受け取れる。しかも、金利といえば年間でいくらつくという程度の印象だが、スワップの場合は一日単位の支払いがある。

ＦＸには「レバレッジ」という、投資金額に対して数倍から数十倍の取引きが可能な方法がある。レバレッジをうまく利用すれば、スワップだけで生活していけるのではないか、そんな計算をしたのである。

今度のスタートは持ち金十八万円からだった。二年前より控えめ、四割引きだ。

もう株に手を出すつもりはなかったが、そもそもこの金額なら株での運用は難しい。

それぐらいがいい。

無謀な浪費（本人の気持ちからすればそうでもなかったのだが）のあった直後に、

「また投資を始めたい。今度こそ大儲けするから」

などと言って、両手をあげて賛成されるわけがない。

もう一度、投資への挑戦をするにあたって家族を説得する際には、小遣い数ヶ月分を貯めて、それだけの金額から始めるので大丈夫、と自ら宣言した。

究極の話をすると、投資の成功失敗に金額の多寡は関係ない。無理な方法で資金を使えば結果は同じだ。

投資額が多ければ、リターンも多くなるのは確かである。しかし、いくらうまくいった場合の金額が大きくても油断してリスク管理を怠ると元の木阿弥、百円だろうが、百億円だろうが手元には何も残らない。

逆に少額から始めて、確実な取引きを心がけ、損切りのラインを厳守し、常に元本を下回らないようにすれば、「運用」の名に恥じない投資になる。

これはおそらく、十年前、山口に向かって、他国の若者が熱く語った堅実な生活設計に通じる投資の形である。

リスクヘッジを第一に。

テクニックを真摯に研究する。

自分なりの相場観を得る。

心に刻んで、取引きを始めたはずだった。だが、数々の先人が書籍に記し、投資講座で一番大切である、としつこいほど繰り返した教えは守れなくなっていく。

山口は、ＦＸの世界に足を踏み入れた途端、連戦連勝してしまったからだ。

ドル円の為替相場は、この時期どんな様相を呈していたか。おおまかには円高トレンドの途上にあった。

二〇〇一年の九月に話を戻そう。

九・一一のアメリカ同時多発テロは円高に拍車をかけた。

それを嫌った日本政府が円安を誘導するため、円売りドル買いの介入をする。相変わらず低迷を続ける輸出にとって、円安が有利だからだ。十日間で実に三兆円以上を投入したとの記録がある。

日本政府の介入だけが要因ではない。複合的であった。

もともとＩＴバブル崩壊を端緒としてアメリカ経済は低落傾向にあり、それが世界的な不況の呼び水となっていた。同時多発テロによってさらに先行き不安を煽り、株もドルも売られる。

だが、アフガニスタン侵攻による戦争特需への期待と、六年後に崩壊する「サブプライムローン」という名の不動産バブルにより持ち直し、ドル買い円売りが行われる状態となったのだ。

円安傾向はしかし長くもたない。

翌年明けから再び円高に向かい始め、数度にわたる日本政府の介入も功を奏することなく、再び九月が巡ってくる頃には一年前の水準に戻った。

二〇〇三年になる。国内の株価はバブル崩壊以降の最安値を記録する。一方、年初から八月までのドル円相場は久しぶりに安定していた。

年の後半は再び円高へと転換する。

†
†
†

山口のＦＸ投資は順調だった。

株をやって調子が良かった頃も、相場を見る目は鋭く、売り買いのタイミングはわかっていて、勝率が高かった。大負けしたのは、不可抗力ともいうべき事態が発生してトレードに参加する誰もが被害を被るような場合への備えをしていなかったからだ。

その感覚は、ＦＸにおいても通じるトレード技術だったのだろう。堅実さを求めて銀行株に移行し失敗する前、次から次へと取引きをしていた頃に勝ち抜けていたのと同じような成績を残していた。むしろ、ある銘柄を長く保有して値上がりを待つ堅実さよりも、取引きを繰り返す方がスタイルとして合っていたのかもしれない。

株であれFXであれ、トレードには様々なテクニックがある。

一番大きくわかりやすい違いは保有期間だ。

株を買い、外貨を買ってから、売りに出すまでの「様子見」する時間の長さである。

数分か、数時間か、数日か、数ヶ月か、数年か。

一時期よく話題にのぼった株のデイトレードは、取引きを短時間で終わらせて、買った株を翌日までは保有しない。細かな取引きで利益を積み重ねていく手法である。まさにネット時代らしい取引き手法だ。

FXもほぼ同じだが、山口自身は、デイトレードよりさらに短い保有期間で外貨を売り買いする「スキャルピング」という手法を自らのものとしていく。

やがて株よりもずっと大きく勝つようになった。証券市場で失った分を半年で取り戻し、その後もぐんぐん資産を増やしていく。

決め手となったのは、自分自身に合ったトレードテクニックを使ったことの他に、レバレッジ、つまり口座にある実際の金額よりもずっと大きな額で取引きできるシステムの活用と、通貨ペアを見直したことにあった。

先述のとおり、この時期のドル円相場は比較的小幅な値動きをしていた。トレードに慣れ始めた頃合いのトレーダーにとってそれほど魅力的ではない。

そこで、より値動きの激しいイギリス・ポンドと円の市場に移行した。勝ちも負けも大きいこの市場でプラスを積み重ねることになった。

負けることはあった。だが、次にはマイナス分を取り戻しさらにプラスになるぐらい勝つ、そんな状態が続いた。十八万円で始めたFXが数千万円になるまで約一年しかかからなかった。

だから、リスクに対する備えをやめたのである。

損切りラインは不安定で、その時々によって、行き当たりばったりに上下していった。

二〇〇四年三月頭のある朝。

チャートを覗くと、それまで上昇傾向にあったポンドが一瞬下げた。

チャンスだと思えた。山口は急いで買いポジションをとる。それなりの高額だ。多くのポンドを買った。

当初は緩やかな下げが続いているかに見えた。まだ大丈夫、すぐに戻る。上がっていく。

今は賭け時なのだ。そう考えた。そして売らずに保持し続けた。

午後になっても下げ止まらなかった。このままでは早々に損切りラインまで到達してしまう勢いだ。

じつは、この傾向は、振幅がありながらも次の四月に持ち直すまで続く。ポンド円とドル円の動きが同期しており、両方の市場で円高になっていくのである。

とりわけポンド円のトレーダーにとって痛手だったのは、ポンド相場の特徴である大きな振幅によって、他の通貨ペアよりも急激な落ち込み方をしたことだ。

十数年経った現在、当時の相場を分析する論考を見ても、この日の値動きは注視されていない。

同じ年の出来事なら、後半に起こったもっと大きな円高の方が話題にされる。

そんなものだ。世の中で大きなニュースとして扱われなくとも、為替相場の歴史に残らなくとも、市場では毎時毎分毎秒、大きく儲けたり損をしたりする瞬間が、世界中で積み重なっている。

山口はモニターを睨み続けた。

損切りすべきだった。適当なところで諦めるのだ。頭の隅では理解していた。だが、動けなかった。何もできないうちに強制ロスカットが迫る。そうなれば、負けは確定だ。つぎ込んだ資金は返ってこない。

それでも、投資用の口座に用意した資金がすべて失われるわけではない。取引きからシャットアウトされれば、それ以上の損失を被ることができない。投資家のための安全弁として用意されたサービスがロスカットなのだ。

じっとしたままであれば、まだましだったかもしれない。だが、そうではなかった。指がより悪い選択をクリックしてしまう。強制ロスカットを回避するため、預託金、つまり資金を追加したのだ。

一度、踏み出すと止まらなくなった。追加につぐ追加。オンラインで動かせる限りの現金を投入した。

この日、すべてのカネを失った。盛大にロスカットされた。

ポンドがやっと持ち直したのは二日後だ。

二年半の儲け、元手、貯金、子どもたちの将来に備えた預金、妻の口座にあった分、増やすと約束して預かった二千万円をわずか数時間で失った。

賑やかな序章

トレーダーは自分の経験から学ぶしかないといわれる。そして、矛盾するようだが、上級者の意見を聞き、手法を取り入れ、多くの本を読んで参考にもしなければならない。そうやって自分だけのトレーディング・スタイルを身につけ、負けることなく稼げるようになっていく。

情報を蓄積した上で、あらゆる局面を目の当たりにする。

経験で得られるものは、相場の先を予測できること。負けない工夫をすること。

全てを統合した結果、一流のトレーダーが誕生する。

「株価の動きは、欲望と不安と恐怖のいずれかの感情に基づいている。不安は、欲望と恐怖という2つの支配的な感情の狭間にある小休止のようなものである。マーケット参加者の大半が欲に支配されている間、株価は上昇する。これが強気相場である。逆に、大半の人々が恐怖に支配されている時には株価は下落し、弱き相場となる。彼らが不安になっている時、あるいは様子見気分になっている時には、短期的には方向性がなくなり、株価は横ばいで落ち着く」

O・ベレス、G・カプラ『デイトレード　マーケットで勝ち続けるための発想術』（林康史監訳、藤野隆太訳）より

二千万円を一気になくしてからが、山口にとってトレーダーとしてのキャリアの本当の始まりだったのかもしれない。

これまでのすべての損失額を合計すると、自動車が買えるどころか、家一軒分にはなっただろう。授業料としては高い。

意味はあった。最も大事なことを悟ったのだから。あるべき姿、目標ができたのだ。

負けない投資家だ。

十割勝ち続けることはない。何度かに一度は予想が外れ、つぎ込んだ資金のいくらかを

失うことがあるのは、喜ばしい事態ではないが当然と覚悟する。

トータルで稼ぐ。

一ヶ月か、半年か、一年か。それぐらいの範囲でプラスを維持し続ければ、本当の「勝ち」である。

多くの本を読み、ネット上にあるありとあらゆる情報を収集した。無料も有料も膨大な量にのぼった。

過去のチャートを読み込み、検証した。なぜ、そういう結果になったのか。兆候はなかったか。他の場合に似たようなパターンが現れていないか。

シミュレーションをした。売りなのか買いなのか、だとすればいくらを入ればいいのか。それともポジションを取ってはいけないのか。

自らのトレードも見直した。致命的な間違いを発見したし、知らず知らず幸運に救われていた場面も見つけた。

最後の大負けの前に、妻が幾度となく口にしていた言葉がある。

「そんなにずうっとトレードのことばかり考えていて勝てるものなの?」

チャートの中で生きているようなものだった。寝てもさめても値動きにしか関心はない。

食事中もチェックし、どんな時でもチャンスと見ればエントリーした。

負けに向かう道だった。

投資とは、取引き回数を増やせば有利になるものではない。

どんなに優れた技術を持つトレーダーでも予想が外れ損失を出すことはある。損とは、つまり赤字だ。そして、何回かに一回負けてしまうなら、むしろトレード回数を増やすと、それに比例して赤字になる回数が増えていくのだ。

トレード中毒の状態では、四六時中取引きに参加していないと好機を逃すかもしれないと考える。後になって反省のためチャートを見返すと、あらゆる値動きが儲け損ねた「××万円」に思えてしまう。

細かく頻繁に、勝率高くトレードしている時が要注意である。下向きのスパイラルを駆け降りている。


昼も夜も学んだ。三ヶ月間、みっちりだった。

そして、三度めの挑戦を始めた。

これまではどんな考えで投資をしていたか。

いつか足りなくなるかもしれないとか、もう少し豊かな生活をしたい。資産運用や資本形成を目的としていた。

だが、もうそんなレベルではなくなった。追い詰められた。前回の大損失でなくしたのは、家族の未来の暮らしなのだ。

取り戻さなければどうしようもない。

今回も少額からのスタートである。ひとつ大きく違うのは、ルールを守ることだ。最も強く自分に言い聞かせたのは、「損切りラインに到達したら、絶対に取引きをやめる」だった。

おかげで、広い視野で見られるようになった。

一回ごとの負けがそれほど気にならなくなる。大きなダメージを受けるような損害にならないからだ。学習した結果、次回か、その次か、エントリーすれば取り戻す機会が訪れるのがわかっていた。

相場とはそのようなものであるのだ。下がりっぱなしはないし、上がりっぱなしもない。小幅があれば大きく動く場合もある。正しいタイミングをつかめれば、自ずと負けを取り戻せるのが目に見えていた。

負けなくなったのではない。負けるのをやめたのだ。

プロのトレーダーといえる資格を得た。


このあたりの数年で、日本のオンライントレード人口は急増したと伝えられる。特にＦＸの参加人数は、以前に比べればうなぎ上りといえる状態だった。

二〇〇七年は、団塊の世代が六十歳の定年を迎えた最初の年である。高齢化社会があらたな段階に入ったのだ。社会の空気に将来不安が充満していく。

そんな状況下で、パソコンさえあればいつでも取引きでき、低予算から始められうまくすれば大金が手に入るＦＸは、資産形成むけの手っ取り早く単純な対策と受け取られたのであろう。

参入者の多くは主婦や現役サラリーマンたちであった。海外から「ミセス・ワタナベ」「キモノ・トレーダー」などと、どちらかといえば揶揄の意味で名付けられつつ、相場を動かすほどの一大勢力となっていく。

本来なら円高トレンドに振れるはずの要因があっても、彼らが円安になることを信じドルを買い続けるため、急激な値動きが抑えられる局面なども現れた。

一九七三年に日本が変動相場制に移行して以来の大きな変化ではなかっただろうか。通貨バランスを一般の国民が左右するのである。

興味深い現象が見られるようになった。一般に為替取引が自由化される以前から取引きに関わっていた金融機関関係者によれば、日本でFXが浸透して以降、相場が大人しくなったというのである。

顕著に表れたのが二〇〇七年である。史上初のことであったろう。一国の個人FXトレーダーたちの動きが、為替相場を本来は考えられない方向へ誘導したのだ。

それはどういうものだったか。

二月に世界同時株安が起こった。

その時生まれた要因により円高傾向に振れたものの、逆に、安くなった時期こそ他国通貨を買う好機と見た日本のトレーダーたちが大挙してドル買いに走ったのである。結果、円高を抑え、逆に円安となる。

七月にまた大きなインパクトがあったが、今度は同じ結果にならない。

アメリカのサブプライムローン問題の顕在化で再び株価が急下降、円高へ誘導された。

今度も日本人トレーダーは外貨を買った。しかし、世界の趨勢があまりに急激な円高となったため、支え切れなくなり強制ロスカットが多発したはずだと考えられている。

「山口さん、有料のネット配信を始めようよ。これほどのトレードスキルがあってビジネスにしないなんてもったいない」

山口は三十七歳。地元の塾経営が続いている。

ネットを通じて、友人が何人もできていた。彼らとやり取りし、トレードのやり方を教えていたりもした。

多田義弘はその一人であった。ネットでの繋がりがきっかけとはいえ、遠隔地同士ではない。地元の人間だった。実は出身校の後輩だ。そうしようと思えばいつでも会って話ができる。ビジネスを始める仲間として、いい距離感だったといえる。

彼自身はネット・ビジネスで苦労していた。いわゆるアフィリエイターと呼ばれる、これもデジタルインフラの整備から生まれた新しいビジネスだ。

自分のサイトで商品レビューを行い、それを読んだ人が購入すると、その分、報酬が得られる個人広告業。

†††

一時期は副業として相当流行った。だが、これで儲けようとか生活しようとすればなかなかに大変だ。

大きな発信力のあるアフィリエイターであれば、その人の推薦する商品に関心を持つユーザーは多い。タレントがテレビCMに登場するのに似ており、それがネットへと場を移すに過ぎない。ある商品に関する文章がSNSで発信され、宣伝になり注目が集まれば、広告主にとっても「出演者」にとってもビジネスは成立する。

だが、世の中の大多数は有名人ではない。ではどうすればいいか。コンテンツ勝負をするしかない。

たくさんのネットユーザーが興味を持つ商品について、的を射た目立つ表現で紹介する。トレンド情報を収集分析し、紹介ページの作り込みを徹底する。

多田はがんばっていた。それでも、休日なく昼夜関係なく長時間働いて、割に合う収入は得られていなかった。バイトをかけもちでもした方が楽ではないかという状態だった。

多田は、山口とチャットでFXトレードの方法を教わる関係になった。

そして、時間が経てば経つほど心の底からの驚きになっていったのだろう。

教えられたタイミング通りトレードすればうまくいってしまうのだ。

山口はそのタイミングに至る導き出し方も教えていたのだが、多田は早々に自分でトレーディングメソッドを身につけることを諦めた。聡明で理解の早い男だったが、性格的に向かないと言っていた。

その代わり、山口の情報を世に出したいと考えついたのだった。

アフィリエイトで伸び悩んでいた多田の目には、山口からもたらされる情報が理想的な「商品」として映ったのであろう。


ＦＸトレード入門者のうち、闇雲に口座を開いて取引きを始めてしまった人々の多くは、資金を失う結果となってしまう。なぜかというと、間違ったやり方で、というより、メソッドもルールも関係なく資金を投入してしまうからだ。

端的にいってしまえばこのようなトレードは「ギャンブル」と変わりない。

もちろん本当にギャンブルであれば、掛け金がプラスマイナスしていくのを楽しむことになんの問題もない。

しかし、投資が遊びではなく資産形成を目的とするならば、一か八かのギャンブルになってしまうことは間違いである。手持ちの資金を闇雲に投入して、たまたまうまくいったりしくじったりし続けていれば、たいていの場合、遅かれ早かれ元の資金も失ってしまう。彼らに必要なのはなにか——教師だった。実績ある信頼のおける人物から取引きに勝つための正しい道筋を教えてもらうのだ。

多田の目には、それがまさに山口であると映った。そして考えついたのが「シグナル配信」だ。山口がオンラインを使い、売買のタイミングをリアルタイムで発信するのである。現在ほど多種多様ではないにせよ、シグナル配信は当時も存在した。内容は玉石混淆で、ユーザーが必ずしもトレードで勝てるとは限らないものが多くあった。

だが、多田が身をもって知っているとおり、山口の情報は確度が非常に高く、素直に従えばうまくいく。

もし一般に公開されれば優良サービスとして評判になることは間違いない。チャンスだった。多田が伸び悩んでいたネットビジネスにおいてヒットするだろう。

山口は当初、「今が買い時、売り時」などという情報を「商品」にしたくはないと思った。だから何度も断った。

しかし、最終的には多田に根負けした。彼の人柄の良さに押し切られたと言ってもいい。申し出を受け入れ、配信を始めた。

いつも自分のトレードのためにやるのと同じようにチャートを分析し、自信を持って勝てるだろうと思えば、その情報を会員にメールを送るのだ。

配信システムは多田が手配した。アフィリエイト総合サイトの大手「infotop」に登録し、課金・決済を任せる。ユーザー獲得のための宣伝も考え、配信メールのフォーマットを決め、準備は整った。

あとは、時々刻々、山口が情報を発信し続けた。

人気になった。稼げたからだ。

ネットでの口コミは素早く広く届く。発信源が北陸の一都市であろうと、塾の経営者であろうと、確かな商品を提供していればカスタマーは増えていく。

すさまじい勢いだった。半ば伝説にすらなり、以降十数年間、FXにおける信頼のブランドとして生き続けている。

千七百人の資産が一年で十倍、人によっては五十倍になったという。

これは異様な事態だ、FXの二十年あまりの歴史の中でここまで大きな結果を出したのは、おそらく唯一ではないか、と金本浩は言う。後にクロスリテイリングに加わり、会社の第二の顔となった人物だ。

シグナル配信は、本来それだけでは稼ぐのが難しく、失敗したという例は多い。他の技術や見方を学び、総合的に判断していく材料の一つとすべきものだからだろう。

金本によれば、山口が教えるロジックはわかりやすく、真っ当に取り組んでいけば稼げるようになるのは間違いない。だから勝てるのだという。

ただ、一人のトレーダーとして見た場合、ブラックボックスの部分もある。

例えば、一緒にチャートを見ていて誰もが判断に迷う局面があるとする。だが、そこで山口は迷わず「買い」と言う。そして実際に勝ててしまうのだ。

推測すると、おそらく、その時々のチャートの局面を観察すると同時にもっと広い範囲を見ているのではないかと考えられる。

そのような部分で山口の真似をしようとしても、脳を取り替えるのでもない限り同じ答えに辿り着くのは困難であり、またそれほどの意味はない。トレーダーは自分自身の長所を伸ばすべきなのだ。

ともあれ、山口が導き出した売買情報でシグナル配信の会員たちは稼いだのであった。

二人のもとに収益はどんどん入ってきた。月ごとに額が跳ね上がっていく。にわかに山口に注目が集まった。

よほど目立ったのだろう、業界内のさまざまなところから声がかかった。なかには外国のヘッジファンドからの引き合いすらあった。彼らが世界中に張り巡らせた情報網はすごい。投資顧問になってくれないかとのオファーだった。

もしあれらの誘いに乗っていたら、今ごろは、世界を股にかけ巨額の為替取引を指揮する大物トレーダーになっていたかもしれない。

だが、すべて断った。

どこかの会社のためだけに働くのではなく、日本で、自由な立場で投資に関連してやりたいことがあったからだ。

その後もシグナル配信の会員は増え続け、無数にある「infotop」コンテンツのなかで、あっという間に販売者売り上げの上位に名を連ねた。

ビジネス効率もよかった。固定費はわずかなのだ。支出らしい支出は、わずかの賃料で近隣に事務所を借りたぐらい。そこに置いた机とパソコンが数少ない備品だった。従業員を雇うことはしなかった。

収入は山口と多田で折半した。月に数千万円が入ってくる。

大成功の一年だった。

幸福ではなかった。

ひとりは割り切れない気持ちのなかで迷い、もうひとりは深い悩みの淵に足をとられてしまっていた。

第二章

わが説かんと欲する所は富に処する法にあり。富に処することの如何《いかん》は、富める人の願《ねがい》と志とに従ひて相殊《あいこと》なり。姑《しばら》く分ちて自利の願と利他の志との二つとなさんか。

森鷗外「我をして九州の富人たらしめば」(『鷗外随筆集』岩波文庫)より

ある別れ

死の報せは突然やってくる。

近しい誰かの動き続けていた心臓が止まってしまうことに対して、準備できる者はなかなかいない。ましてや自死となれば、その衝撃は深く大きい。

二〇〇九年四月二十一日、連絡が入った。朝の八時だった。多田が亡くなったという。山口と多田の共通の知り合いからだった。

十年が過ぎてもその瞬間を克明に覚えている。電話が鳴った。そして、受話器を取る前になぜだか友の死がわかっていた。

起こるべきではない事態が起こってしまったのだ、と。

つい前日、会ったばかりだった。彼は笑顔で自分の息子について話していたのだ。

「まだ自転車の補助輪が取れないんだよ、もう小学校にあがるのに。だから今日も練習につきあってたんだ」

しかし、後に聞いたところによれば、その夜に「どうやったら楽に死ねるか」と別の知り合いに相談していたという。

生涯、多田の味方をしてくれた祖父の四十九日だった。その死は心優しい多田にとって簡単に癒せるようなものではない。田舎のことゆえ、おじいちゃんが連れていったんだねえ、などという人もいた。

山口は車に飛び乗り、それまで体験したことのないほど強烈な悲しみに襲われながら彼の自宅への道を飛ばした。

純粋で素直な人間だった。読書が好きで、どこまでも心優しかった。

片方で、意志が強く、自分を厳しく追い立てるようなところもあった。トライアスロンに挑戦もしていたのだ。

先を見る目があった。田舎の街でたった一人アフィリエイトに挑戦した。

FX投資は「難しくて理解できない」と匙を投げた。

次から次へと彼の言葉、笑顔、様々な思い出が浮かび続けた。そうせよと言われればいつまででも話せるぐらいだ。

山口のみではない。ある意味、地元社会においては浮いた存在であったにも関わらず、口さがない文化の中にあって、誰も多田を悪く言う者はいなかった。皆が彼の人柄を認めていた。

特に山口は彼に生活の一部を負っていた。多田がいなければ、多田の人柄がなければ、ネットでのビジネスなど始めはしなかったと確信があった。

しばらく前から、彼が悩んでいることは聞かされていた。しかし、それが自ら命を断つことになるほど大きなものだとは思ってもみなかった。

苦しみの原因が他人に理解しやすいものではなかったからでもある。

彼は取り憑かれてしまった。いつでもどこでも存在を忘れられず、まとわりついてくる何かに。それは成功と呼ばれ、大金という顔をしていた。

シグナル配信の収益を折半したのがよくなかった、と、しばらく経ってから共通の友人が言ったことがある。

「五対五じゃなくて、八対二にして八を山口さんがとっていれば、多田さんをあそこまで追い詰めなかったかもしれない」

そうなのだろうか。

よくわからなかった。

多田からみた理屈としては、こうだ。

トレードのシグナル配信はすべて山口が行なっている。

シグナル配信が動き出してから、多田のやることはなくなった。それなのに、巨額の報酬が入ってくる。

世の中を見回せば〈失われた三十年〉が続いていた。

デフレと高い失業率。リーマンショックがあり、給料があがらず、ボーナスももらえず、多くの人が職を失っていく。地元も近隣でも商店街はシャッターが閉まったままの店舗が増えている。

そんな中、働いていない自分が使い切れないほどの高収入を得ていていいのだろうか。

そう考えた。

ストレスの原因を消し去るためだったのだろう、彼は湯水のようにカネを使った。乗りもしない車を七台も買い、カリブ海クルーズの旅へ行き、豪勢に飲み歩いた。それでも口座が空になることはなかった。

だが、それでも。

生きるのをやめるほどのことが?

本来、資産とは増えれば増えるほどその人は経済的に自由になる。だが、多田の場合、増えた資産に存在意義がなかったのかもしれない。それによって心の自由が失われてしまったのだろうか。


山口の側に収益を折半する以外のことができたか。

あり得なかった。

そもそも、シグナル配信は多田の「依頼」で始めたつもりだ。事業を始めたのは彼で、いわば代表取締役だ。形としては共同経営のパートナー、気分的には山口が雇われているようなもの。そんな視点からみれば、売れっ子トレーダーと収益を分け合うのは経営者側の判断になるだろう。主導権を握っていたのは多田だったはずだ。

報酬と人生。これは多田だけの問題でないことを、やがて山口は思い知ることになる。

会社を経営していくうえで、後に何度も直面することになったのだ。収入の変化が働く人のメンタルへの影響は大きな課題である。

そして――。

パートナーがいなくなった以上、シグナル配信を続ける意味はなくなった。頼まれてやった仕事なのだ。依頼主がいなくなってまで、一人だけでやっていく気はなかった。

その分の収入がなくなってもいい。

契約ユーザーに一斉送信した。すぐにサービスを終了する。理由を明かすことはできなかった。

「infotop」にも連絡すると、社長に止められた。

いきなりやめない方がいい。信用を失ってしまうからだ。はっきりとは言わなかったが、訴訟の可能性も視野に入れていたのかもしれない。

事情が事情だから仕方ないが、せめて数ヶ月先にやめることを宣言してそこまで続けるべきだとのことだった。

専門家の意見だ。尊重する以外にない。

アドバイスを受け入れ、あと三ヶ月、七月まで続けることにした。

一人になった。

†
†
†

続ければ続けるほど、山口はシグナル配信に対して懐疑的になっていた。やはり自分には向いていない。

本来やるべきことは他にあるとの思いが膨れ上がってきた。

悩みの根は単純ではなかった。

会員が爆発的に増えるにつれて、わずかながら一定数のクレームがついてまわった。そのクレームの中身が気を滅入らせるものだったのだ。

山口のシグナル配信は勝率一〇〇パーセントではなかった。実際に予想がはずれることもあった。

トレードにおいて、勝率の高さが優秀なトレーダーの絶対条件とは言い切れない。勝率が低くとも、勝ちトレードの際に大きく利益を伸ばし、負けトレードには損を小さくすることができれば結局は勝ちなのだ。しかしながら、高勝率であることでトレードという戦いを有利に展開可能なことも確かだ。

ではユーザーはどのようにトレードにのぞめばいいか。難しくはない。送られる情報に従って偏りなく資金を投入するのだ。そうすればトータルで勝てる。逆説的にいえば、山口の情報は一〇〇パーセントではなくともそれぐらい高い勝率であったのである。多くの人々が資産を増やせたのがその証拠である。

一方、「負けて資金を失ったのはシグナル配信のせいだ」といった内容で送られてくるクレームを検討してみると、ある傾向がみられた。トレードに投入する資金が一定ではないのだ。大きな金額を投入した時が負けトレードのタイミングであり、勝った時にはトレードを見送ったりなどのムラがある。

そのようなやり方では勝てないことを、山口は自分自身の経験からよくわかっていた。一瞬といっていい時間で二千万円を失った経験は伊達ではない。どれだけあの失敗を悔いてきたか、どれほど踏み込んではいけない場所へ自分を追い込んだ「甘さ」を憎んだか。暴走してしまう心理は、わかりすぎるほどわかっていた。

だからこそ、会員にはことあるごとにメールで注意喚起をした。このサービスを利用してトレードを行うならば投入する資金の管理に気を配ってください、と。レバレッジ管理、つまり資金管理こそが全てだと言い切るプロもいるほどだ。

とはいえ、こちら側からいくら警告を並べても聞く耳をもたない層を止める術がないことも予想はできていた。売買タイミングを示し続ける限り、無理をして損害を出してしまうユーザーは一定数いるだろう、と。それはある意味、人情ですらある。

シグナル配信を否定はしない。心情的に自分は関わらない方がいいと思うだけだ。

向かうべき方向ははっきりしていた。それは受験勉強に例えて考えることができる。

過去問や模試の解答を暗記しても、数ヶ月未来に受ける試験で問題が解けるわけではない。大切なのは「解法」である。答えを導き出す道筋を身につけることだ。正解だけを求めるならば、最後に辿り着く方法は、言い方は悪いかもしれないが、つまりカンニングだ。シグナル配信に乗せる情報はこれに近い。

まだ自分のトレード方法を確立できていない初級者に投資を教えるなら、《問題＝予想されるケース》と《解き方＝売り買いのタイミング》、そして《適切な資金管理》を教えることこそ、本来の「投資顧問業」である。

正論だが、誰にでもできる話ではない。

そして、山口には適性と経験があった。なにしろ十年以上も塾で子どもたちを教えてきたのだ。やる気があってもうまく成績に反映できない子どもを受け持った経験は、活きてくる。

道は見えていた。

投資教育こそ全力を注ぐ仕事だとわかっていた。

†††

新たなパートナーが現れた。

布川祐樹との出会いは前年の二〇〇八年末に遡る。

「infotop」の優良コンテンツ主催者を集めたパーティがあり、その出席者たちに山口が声をかけ、場を改めて新年会を催した。

そこで知り合ったのが布川であった。

チャットでFXの投資法を教えることで交友が始まる。

じつは、山口と多田は、シグナル配信とは別のプロジェクトで起業することを相談していた。今度は山口が提案したアイディアで、投資教育に関する企業の設立だ。

その話を布川にすると興味を持ち、出資をするので共同経営者としてぜひ関わらせてくれないかという。会社設立においても税法上からいっても起業をするなら複数の方が有利なのだ、とも。

山口はそのオファーを考えてみた。

布川のネットビジネスについての知識と手腕は、知り合った経緯からして間違いないところだろうと思われた。

そして、「では一緒にやりましょう」と返事をしていたのだった。

しかし、計画のスタート目前に多田が亡くなってしまう。

しばらくして、布川から約束した起業はどうなるのかという連絡があった。

もちろん、残った二人でやらねばならない。

確たるビジネスの形態は見えていなかったが、はじめから株式会社として設立することも決めた。

今度の場所は地元ではなかった。山口は十年ぶりに東京へ戻ることになったのである。

新しい物語

昨今、日本でもよく目にするようになった言葉に「チェンジ・メイカー」がある。日本語にすると「変革を生みだす者」だろうか。

二〇一六年のアメリカ大統領選挙の際、候補者ヒラリー・クリントンの応援演説において、夫である元大統領ビル・クリントンがこの言葉を使い、広まっていったという。

知識やリソースを集めて、社会に問題の解決をもたらす人。以前なら「イノベイター」と表現されていたかもしれない。アフリカのとある国の教育問題改革家がチェンジ・メイカーなら、eコマースの決済方法で世界的スタンダードを広める企業もチェンジ・メイカーだろうし、てんでんバラバラな東京都下のゴミ廃棄を効率化できる案を実行する者が現れたらその彼、彼女もチェンジ・メイカーになる。

クロスリテイリングは日本の初期ＦＸにおけるチェンジ・メイカーとなった。

もちろん、為替取引市場は以前から存在した。そこに一般人が参加できるようにＦＸという「商品」を開発したのもクロスリテイリングではない。

彼らの功績は、ＦＸ――という投資の一形態――を、少なくとも会員となった人々にとっては、学ぶべき対象としてしまったことだ。真剣に向き合い、知識を深化させ、技術の研鑽を積むものだ。インターネットを通じた投資教育という一ジャンルを誕生させた。

もうひとつの大きな変革。投資のみをテーマとして扱いながら、社会人講座を主催するスクールのようなビジネスとして成立させてしまったことだ。

†††

東京に舞台を移して以降は、山口ひとりだけの物語に収まらず大きく広がっていく。何人もの情熱とエネルギーにあふれた若者たちと、ユーザーを含めた心ある支持者たち。関わる人々を巻き込むコミュニティが生まれる。

しかし、その出発点に、華やかな要素は微塵もなかった。ＪＲ秋葉原駅からほど近い場所にあるビル。フロアがいくつかのスペースに区切られ、ひとつひとつが数人用の小さなオフィスになっている。広さには差があり、それぞれ違う賃貸料が設定されている。窮屈だった。借りたのが二人部屋だったのだ。二人が椅子に座り仕事をすればもう一人は立ってラップトップを操作しなければならない。そんな場所がスタート地点だった。

そう、初めに四人いたのだ。山口と布川の創業者たちに、後々まで会社を支え発展に尽力することになる二十代前半の若き二人が加わっていた。

この時点で、布川はちょっとした成功を手にしていた。ウェブ・マーケティング用ツールを作り、それが売れたのだ。

そんな布川を手伝っていたのが町田直也だ。学校を出て数年間、派遣社員をはじめいくつか職業を経験しており、布川と知り合ったのは、起業を目指してあちこち顔を出していた会合の一つでのことだった。

もう一人のオリジナルメンバー矢野は、もともと学生時代からウェブビジネスに興味を持ち、布川のツールを購入し使用していた、いわば客であった。

ツールを使った成果を報告するところから布川とのやり取りが始まり、FX関連のネットビジネスを手伝わないかと誘われた。矢野はプログラミングなどPCの技術を身につけており、新卒ながら即戦力となった。

そして、山口自身は、当初、すべての時間を会社に使ってしまえない事情があった。地元に家族との生活があり、学習塾がある。離れっぱなしになれない。東京へは、一ヶ月に十日間ほど顔を出す、というペースであった。

彼らが最初に手がけたプロジェクトは、FXトレードの自動売買ツールを開発・販売するビジネスだった。ユーザーが事前に条件を設定しておけば、後は自分でいちいち操作をせずとも取引きをしてくれるという、トレード用のシステムだ。

リリースした途端にこれが大きく売れた。一週間で一億円を超えたのだ。大成功のスタートだった。しかし、早々に販売中止としてしまう。

思わぬ弊害が起きたからだ。ユーザーからの問い合わせが相次ぎ、キャパオーバーになってしまったのである。

インターネットの反響は、素早くダイレクトに返ってくる。

「いい／悪い」という感想ならば、励みにも反省にもなり問題とはいえない。

ところが、予想外にツールの内容に関する質問が多かった。問い合わせによく使われた言葉は「動かないからなんとかしてほしい」というものであった。サポートに慣れないこちらにとっては一瞬ひやりとする。

マニュアルによって使用法はしっかり説明してあるし、そうでなくともそれほど難解には作られていないはずだ。なにか間違いがあったのだろうか？

そうではないことがすぐにわかる。詳細を訊ねてみると、ツールというよりパソコン自体の使い方を知らなかったり、あるいは、ユーザーがトレード初心者の場合、本来ではない使い方をして結果を出せなかったり、というケースが散見されたのだ。

どれも丁寧に説明していけば解決できるはずだったが、サポート体制を整えていない会社には対応し切れなかった。件数が多すぎたのだ。

放っておいて販売を続けることもできただろう。「繋がらないサポート」など、過去も現在もいくらでも存在する。

だが、山口にはできなかったという。製品を購入してくれた人に対するサポートはなんであれ誠意をもってしなければならない、と考えたのだ。それゆえに販売をやめてからも、問い合わせがある限り丁寧に対応し続けることになる。

本気で成功するつもりならば、その分、サポートのためのリソースを用意しておかなければならない。実戦で学んだ法則であった。

しかし、確信は十分に得た。需要はある。だからこそ瞬く間にユーザーが増えたのだ。この分野でやっていけばいい。助走はもう十分だった。

二〇〇九年七月二十三日。

「クロスリテイリング株式会社」が設立された。

会社を立ち上げたものの、いきなり順風満帆とはいかなかった。ビジネスはやはり甘くない。

彼らがまずやったのは、前の路線を続けることだった。自動売買ツールだ。ユーザーの目的や使い方に合わせたツールを複数置いておくサイトを立ち上げた。山口がロジック、いわば設計図を描いて作ったオリジナルである。

今回はツール購入ではなく、会員登録さえすればあとは無料でいくらでも使えるものとした。こちらも最初は多くの申し込みがあった。だが、徐々に利用が減り、数ヶ月して会員数は頭打ちとなっていく。

原因はいくつかあると推測された。

ひとつは、ＦＸが世の中に浸透していく初期段階という情勢の中での、自動売買ツールへの過度な期待と、そこから生まれた失望によるものだ。

そもそも自動売買ツールとは、売買の操作をコンピュータにユーザーの代わりとしてやらせるという道具ではあるが、使用するならば最低限のトレード知識は必要だ。

ところが、ネーミングのせいだろうが、まったくのビギナーはこれらを「自動儲けツール」だと誤解しがちなのである。口座に資金さえ用意すれば、パソコンが何もかも考えて勝手に稼いでくれる魔法のアプリケーションだと誤解してしまう。

もちろん、そんなものでないことは試してみればすぐにわかる。そして思い通りにいかないと「使えないもの」と人々は離れていく。さらに、口コミが広まれば自ら触れてみるまでもなく会員申し込みは減ってしまう。

もうひとつ、大きくブレイクできなかった理由は、「無料」がネックになったのもあるかもしれない、と後になって山口は考えた。

例えば、衣料品店へTシャツを買いにいくとする。売り場には百円のものと二千円のものが並んでいる。人はどちらを選ぶか。

百円は確かに安い。二千円あれば、二十枚も買えてしまう。だが、結局、人は高い方を選ぶのだ。あまりに安価であると、裏があるのではないかと勘ぐってしまう。そして、理由を想像する。粗悪品ですぐに破れたりして着れなくなるかもしれない、等々だ。価値ある商品には相応の価格設定をされていないと手を出しにくい心理が働くものだ。

結局、しばらくの間はいくつかツールを追加し、サイトを整備して会員からの問い合わせに答えていたが、やがて終了した。

さらなる一手は山口以外のトレーダーに依頼したシグナル配信だった。成果を出すことなく、これもすぐに中止となる。

最後の賭け

ビジネスの方向を模索していたこの期間に、山口は多くの人と会っている。新米の参入企業ゆえに技術も知識もほとんど持ち合わせていなかった。ネットワークもない。仕事のパートナーはいくらいてもいい。

しかし、新参者などまともに相手にしてくれない場合がほとんどだった。中には、やっとビジネスの話を交わすところまでこぎつけたと思ったのに、散々飲食代を払わせておいてあとはなしのつぶてになり、連絡がつかないなどということもあった。

そんなこんなを続けた結果、持ち出しが九千万円近くにのぼってしまった。結構な額の赤字だ。月を追うごとに資金のショートが近づいているのは明らかだった。

山口がＦＸで得た利益から損失を補填し、なくなるとまた同じことの繰り返し。金額は一年間で一億円にものぼった。

食事も贅沢はできない。ほとんどの場合、共同オフィスの近所にあるコンビニのおにぎりですませた。故郷と二つの拠点をもつ生活の中で、山口はマンションやホテルなどを借りず、東京で暮らす姉の家に泊めてもらっていた。

ここまでか。山口と布川は半ば覚悟を決めたという。

どうしよう……？　だが、まだあったのだ。やれる仕事が。

最後のアイディアは、実のところ最初のアイディアでもあった。とっておきになっていたそれは、そもそも山口が起業する動機となった原点だ。

投資教育である。

自動売買ツールなどの「先端ぽい」ビジネスにこだわっていた布川も賭けに乗った。

「わかった。やるしかないね。山口さんの教育コンテンツで勝負しよう」

大きな方針転換だった。

†††

インターネットを介した投資講座は、当時、すでに存在していた。

実績あるトレーダーが講師となり教科書を執筆、それをPDFにして会費を払って入会したユーザーがダウンロードする形だ。

実は、本格的にオンライン講座に取り組む前、クロスリテイリングでも同じような教材を作成していたことがある。最初はテキストのみ、次には、それに加えて取引きをしている画面をキャプチャーし、短い動画にまとめたものを組み合わせた。

町田の記憶によれば、社内の四人とも、この教材に多くを期待していなかったという。内容は山口によるものなので確かだが、便利でも即物的に稼げる情報でもない。経験あるトレーダーなら知っている基礎をまとめただけなのだ。多くの人に求められるとは思えなかった。やはり自動売買ツールなどでヒットを飛ばすほうがメインであると考えられていた。

だが、気づけばメインにすえていたビジネスが頓挫しかけていた時も、継続的に少しずつ収益を得ていた。会社を救うほどではなかったにせよ、だ。今思えば、ひょっとすると、自動売買ツールの会員になってみたものの、実際には、FXそのものを学びたい、あるいは自らがトレーダーとなりたいと考えるユーザーが一定数存在したのかもしれない。

なんにせよ、副教材、あるいはFX入門への案内パンフレットのような内容であり、多くを伝えられるものではなかった。

布川が言い出したのは、山口自身が講師として動画で講義をし、ＦＸ投資をレクチャーするコンテンツを作ろうという企画だった
「学習塾やってるんだから、教えるのは慣れてるでしょ」

入会したユーザーは動画を見て学習し、理解できない部分はサポートに問い合わせ、答えを得られるシステムになる。

前代未聞だった。今でこそ動画によるeラーニングといえば、有料無料関わらず、子どもも用から大学レベル、社会人教育など様々なものが世間に溢れている。

だが時代が違う。当時の動画といえば、動きがカクカクし途中で回線が切れる、そんなイメージがあった。YouTubeで高アクセスを稼ぐ者たちが子どもたちの「なりたい職業」一位にランクされるほど身近で手軽なメディアへ進化するのはまだまだ先の話だ。

業界内外の知り合いに話してみても、あまり評判がよくなかった。

いわく、トレーディングは稼ぐ技術を身につけられるようになるまでに時間がかかる。読み込まなければならないテキストがあるし、何度も見直さなければならない図表もある。ようするに、紙ベースが基本だろう、というのだ。

一理ある、と山口は思った。だが、他にやり方がないわけでもないだろう。止まれなかった。止まるわけにはいかなかった。

神田にある会社の会議室を借りて、撮影はスタートする。

シンプルだった。使うのはホワイトボードのみ。その前で山口が講義を行う。矢野と町田がビデオカメラを操作する。本格的なものではない。家庭でも使うようなハンディタイプを三脚に乗せただけのものだ。

「プロット書いてよ」

山口に言われ、町田が即興で筋書きを決めた。細かい台本を書いたわけではない。A4のスケッチブックに「FXの概要」「チャートとは何か」「口座の開設」「実際の取引き」などの項目を並べる。

撮影したビデオの編集は若い二人がほとんどを手がけた。

やってみてわかったこと。FX講座は動画向きである。全員が確信した。

料理番組のようなものといえばいいだろうか。注意すべき手順を動きと一緒に説明できる。トレーディングの際にチャートを見て注目するポイントなどは、孤独に本を読み、わからない部分を想像で埋めていくより、ずっと簡単に理解できてしまう。

山口にとって講座で教えるのはお手のものだが、問題は広告宣伝、集客だった。なにしろ日本初の要素を詰め込んでいる。インターネットのみで開設する動画講座。それが投資教育であり、なおかつＦＸを扱う。潜在的な需要はあるだろうが、はたして課金するところまでいく者はどれだけいるのか。

前例がないだけに、何もかもが手探りだ。会員募集のサイトに書く一行のコピーさえどういうものがいいか見当がつかない。ウェブ・マーケティングで抜群の冴えを見せる布川も訴求力のある言葉を思いつくことができなかった。

悩み続けた結果、三ヶ月ほどかかってしまった。

ピタッとくる言葉を、フレーズを探し回った。あらゆるビジネスの参考にできそうな広告を見た。ウェブ上だけでなく、東京の街を歩き回り、看板やポスターを研究した。

そしてとうとう思いつく。

〈空いた時間にぱぱっと稼ぐ〉

空いた時間とはどういう意味か。ＦＸに生活のすべてを捧げましょう、ではない。山口自身の過去の生活にあてはめれば、塾が始まるまでの昼の時間と、学習塾が終わった夜中だ。実際にそこでＦＸトレードをしていた。

会社勤めのサラリーマンなら昼食時、帰宅後の寝る前までの時間。そんなちょっとした隙間に小遣いほどの金額を動かす。

ＦＸであれば、それぐらい気軽なところからあなたの資産作りを始められますよ、というわけだ。


講座のネーミングも難しかった。

いろいろな名前を考える。思いつく限りあらゆる言葉をひねり出した。だがどれもしっくりこない。

結局、最終的に布川が思いついた案でいくことになった。

「恋スキャＦＸ」。

だが、今でも使い続けているこの名前について山口自身は納得していなかった。恥ずかしいのではないかと思ったのだ。明るく楽しげで、アイキャッチはいいのかもしれないが、軽薄すぎる。

投資講座の内容はとても真面目なものである。感覚的には、トレーダー養成というより、社会人学習に近いもの。大人のために用意された学びの場だ。シグナル配信していた頃の会員、すでに「中級者」であろう彼らにも役立つしっかりした内容である。もっと真剣さの伝わる名前ではいけないのか。

布川は押し通した。覚えやすく口コミに乗りやすいインパクトがないとダメなんだよ、と。山口は布川をウェブ・マーケティングの天才と評していたので最終的にはうなずいた。

スキャとは「スキャルピング」の略語だ。山口が得意とするトレードテクニックであり、初心者がＦＸとは何かを体感するうえでも特に推薦できる。

スキャルピングでは、エントリー（一回の取引き）を短くして利益を確定する。まさにサラリーマンが休憩時間中に外貨の売り買いをできるぐらいの短さだ。そこで「ぱぱっと稼ぐ」のである。

宣伝もできる限りのことをした。

特に大きな効果があったのはアフィリエイトだったと町田は言う。

アフィリエイターの紹介ブログが面白く、読ませるものになっていたのだ。

同じＦＸ関連でも、例えば自動売買ツールの紹介ならば、ソフトの使用方法や使用感のレポートで終始せざるを得ない。だが、「恋スキャFX」はまったく別物の素材だった。教材の見所しかり、講師・山口のパーソナリティ、投資とはFXとは何かなど、要素は多い。いくらでもアレンジして書くことができる。アフィリエイターたち自身が新たなコンテンツに魅力を感じていたからこそ、ユーザーに伝わる記事となった。

以来、十年が経ってもクロスリテイリングのマーケティングには、彼らによる紹介が大きな力となっている。

十一月。「恋スキャFX」がリリースされた。

渾身のプロジェクト。やれることは全部やったし、絞れる知恵は残らず絞り出した。これでうまくいかなければ、山口は地元へ帰りトレーダー兼塾経営者に戻るつもりだった。

だが、そうはならなかった。早々に評判となり、多くの会員申し込みがあった。

時流にぴたりとハマったのだ。FXは参入者の裾野を広げていて、教師を必要としていた。しかも、その学び舎がインターネットにある、という新しい体験がセットになっている。多くの人の関心を集める条件が揃っていたのだ。

クロスリテイリングはチェンジ・メイカーとなった。

学びと突然の出来事

二〇一〇年、日本と世界はどんな状況にあったか。

ドル円相場でいえば、二年前に一ドルが一〇〇円を割って以来、何度か円安局面はあったものの、世界で大きな出来事があるたび円高に振れ、全体としては円が買われる傾向にあった。

一月、ギリシャ経済破綻に端を発する「欧州債務危機」が発生。世界的に株価が下落する。ユーロ安、ドル高、円高となった。それ以前は、リーマンショックから立ち直り切れない経済と、そして低金利政策から日本の評価は高くなく、緩やかながら円安ドル高になっていた。

そんなある日、突然、ほんの短時間だけ、円高に振れる珍事があった。

五月六日に起こったニューヨーク株式市場でのある「瞬間」が発端とされる。取引き時間中、突然なんの要因もなく、五分間で約五百七十三ドルも値下げし、直後に反転、一分半で今度は約五百四十三ドル上がったのだ。

原因は現在でも特定されていない。複合的なものと考えられているが、いずれにせよコンピュータシステム、そしてソフトウェアの不具合だろうという。

この出来事は「フラッシュクラッシュ」と名付けられた。

以降、各国の為替市場で何度か繰り返される現象となる。

すべてをオンラインとコンピュータまかせで処理する時代がもたらした、新たなパニックの誕生を象徴する出来事だ。人間ではとても処理が追いつかず、対処し切れないスピードで危機が進行し得る。

何が起こるかわからない。天災や社会経済的事件以外に、現代生活にはそんな落とし穴があることを世界は知った。

トラブルはすぐ収束したが、金融市場への不信が生まれる。

この件をきっかけに、米国株が安値となり、為替相場にも影響があった。ドルが売られ円高が進んだ。九月には、それを嫌った日本政府による二兆円以上のドル買い円売り介入が行われ、しばらく円安になったが、結局再び円高に戻り、十一月になるまで上がり続けていった。

「フラッシュクラッシュ」は株式市場のトラブルだが、これが起こると、為替相場においても運の悪いトレーダーは強制ロスカットにあってしまう。

この時も瞬間的に五円ほどドルが急落した。強制ロスカットが適用され、まさにあっという間に資金を失ったケースもあったであろうという。


「恋スキャFX」は、最初の一ヶ月で約五百九十万円を売り上げた。会員申し込みは増え続け、一年を過ぎる頃には売り上げ二億一千万円を超えていた。

直接的な儲け話とは縁遠い。シグナル配信と違って、手っ取り早いやり方を教えるというより、最初は少し遠回りに見えるかもしれないが、ぱぱっと稼ぐ人に「なりましょう」との内容なのである。

「情報」ではないのだ。「学習」である。

マーケティングにあたって、対象とする年齢層はハッキリしていた。

四十代男性だ。

もちろん、年齢性別関係なく誰だってお金は欲しくもあり必要でもある。ただし、この層はより切迫した問題と捉えており、資産形成の手段を探しているはず、と考えたのが顧客想定の理由だった。

家のローンが四千万円、車が二百万円、子どもを大学まで行かせるとして一人一千万円以上。年老いていく親、自分たち夫婦の老後。今後の人生によって費用はどうなるかわからない。給与だけでやっていけると考えるのは楽観的にすぎるのではないか。今のうちに貯えをつくっておかなければならない。だが、どうやって？

「恋スキャＦＸ」の役割は、そんな彼らが資産形成するための手段を育成することだ。なんといってもＦＸは投資へと入門するのに手っ取り早い。さらに、この世代にフィットするだろうと思われたのは、ネットで取引きが完結できるという手軽さ新鮮さにもあった。

「恋スキャＦＸ」はどのようなものであったか。

内容は、ユーザーの知識や技術にあわせて三つのグレードにわかれていた。

入門編、中級編、応用編である。それぞれにコーナーは山口が講義をする動画とＰＤＦがセットになった教材が準備されていた。

また、リリース時から多くの教材が準備されていたが、時間が経つにつれ、新しい内容が追加され、充実度を増していった。

当時は時代の先をいくような馴染みのない形式であったが、十年後の現在となってみれば誰にでも普通に理解できる。ようするに、大雑把にいってリモート学習講座なのだ。

日本人は「勉強」「学習」が好きなのだと山口は考えていた。だが、同時にその内容が投資となればどこか後ろめたいものと見られがちな文化でもある。

アメリカなどでは教育の場で投資が真面目な教科として受け入れられている。だから、実は日本でも変わらないのではないか、学習の対象として目の前にあれば真剣に取り組む人々は多いのではないかと思った。

ただ入り口がないだけなのだ。

シグナル配信で驚異的な成果をあげながら持ち続けた違和感。

伝えるべきなのは数分や数時間先のチャート予測だけではないはずだった。

そうではなく投資そのものを学んでもらいたい。

投資からさらに別の何かをも学んでもらいたい。

生きていくうえでどうしても面と向かわざるを得ない経費についてであったり、社会と自分の付き合い方だったり、その他いろいろだ。

クロスリテイリングの講座はまさにそのようなものとして作り上げられていた。

†
†
†

「恋スキャFX」リリースにあたっては以前の反省が活かされた。入会申し込みが多いほど、つまり成功すればするほどカスタマーサポートが大変になることがわかっていたので、覚悟も準備もできていた。もっとも、自動売買ツールとは中身が違うので、問い合わせの質も変わってくるはずだった。

間もなく、サポートへの問い合わせが嵐のように届くようになり、その予想が当たっていたことがわかる。理解したい、技術を習得したい、上達したい、そんなあくなき向上心をうかがわせる質問が寄せられたのだ。

以降、現在までずっと変わらないままであるように、この時、好奇心と学習意欲旺盛な人々がクロスリテイリングで学ぼうと集まった。

矢野も町田も真剣に対応した。相手が理解したと納得するまで、できうる限り丁寧に回答した。二人で答えきれない場合は、山口に助けを求めた。

また、もっと積極的なフォロー活動にも熱心に取り組んだ。

会員限定の無料セミナーを毎月開催したのだ。

町田は言う。実際に始まるまでは全員が半信半疑だったと。なにしろ、いつでもどこでも学べるオンラインが便利ということで売り出したものだ。わざわざ足を運んでくれる人がどれほどいるのだろうか。

だが、蓋を開けてみれば、神田に借りた教室はいつも満員だった。それどころではない。毎回人数が増え続け、借りるセミナールームをどんどん大きくしていかなければならないほどだった。最初は二十名、それが四十名になり、まもなく二百名になった。

リリース後にサポートへ寄せられた質問など、動画に含まれなかった部分を詳しくレクチャーした。この模様は録画され、サイトにアップして、新たなコンテンツとして追加されていく。

それでもまだ四人のままだった。役員二名と社員二名。大きなセミナールームに集まった会員の対応は矢野と町田の二人だけで担当した。

当時を振り返って、創業メンバーが口を揃えて振り返る出来事がある。借りていたオフィスをより広いスペースに移したことだ。二人部屋から四人部屋へ。全員が座れる。誰かが立って作業をしなくてもいいんだ！　町田は「自分にとって、会社での十年で一番印象的だった」。山口によれば「資金の面では苦しかったが、あの頃はすごく楽しかった」。

会社が成長を始めた瞬間だ。人間に例えれば、青春時代の入り口を踏み越えたのだ。

チャンスの女神

顔見知りの会社経営者から提案があった。

「山口さん、あなたのところが始めた事業は素晴らしい。一緒にやりませんか」

共同リリースのオファーだった。

動画講座を見て「これは」と思ったとのことである。

作成前と同様、動画コンテンツについての知り合いからの反響はあまり芳しいものではなかった。出足こそは悪くなく一部で評判になったが、そんなものは一発屋であって、ロングセラーにならないと思われていた。

評価してくれたのは二人のみ。彼らには先見の明があったと言えるだろう。なにより、その後次々と同業他社が動画に参入していったのが証拠だ。

共同リリースは、ＦＸ講座ではあるが、「恋スキャＦＸ」とは内容も違えばフォーマットも違う。月額七千円の会員制講座である。コンテンツを山口はじめクロスリテイリングが作り、販売をパートナー企業が行う。

宣伝に新たな工夫をこらした。「恋スキャＦＸ」の会員への商品リリース告知とともに、安価な料金の入門編を専用サイトで公開し、さらに高度な内容を学ぶ意欲を持ったなら会員になってくださいと勧誘した。

このコラボレーション企画も成功し、会員は頭打ちすることなくさらに増え続けることになる。

ただし、スタート地点で時代の分水嶺に立ち会ってもいた。

当初のリリース予定日は、二〇一一年三月十二日土曜日だったのだ。

前日の金曜日の午後、町田と矢野は、岩本町のレンタルオフィスで新サイトとコンテンツの最終仕上げを行なっていた。

十四時四十六分。突然、大きく揺れた。二人は何が何やらわからないまま、パソコンの液晶モニターが机から落ちないよう必死に支えるだけで精一杯だった。二度、三度。それでも翌日に向け、準備を続けた。

徐々に事態が明らかになるにつれ、膨大な悲劇が引き起こされたことがわかる。崩壊と津波と原発事故。会社の新サービス開始は一ヶ月延期された。

†††

震災は投資市場にも影響をおよぼした。

アメリカ同時多発テロの際、ニューヨーク証券取引所が一週間休業したように、東京市場も休みにすべきとの声があがっていたという。

だが、ニューヨークの取引所は旅客機によって崩壊した貿易センタービルの近くにあり、東京証券取引所は地震で被害を受けなかったことから、翌週月曜から営業を開始する。

予想されていたとおり、主要株を中心に急激に値を下げた。

東北に数多くあった生産工場への打撃と、予断を許さない原発事故への警戒心から、二年前のリーマンショック時の株価に戻るほどに下落してしまう。

為替相場は円高へ。

「有事の円高」という。それが極端な形で現れた。

九・一一と同じように為替の取引きは止まらず、同じように、いやそれ以上の急激な円高になった。円は上がり続け、三月十七日には一時最高値七十六・二円に達する。トレーダーには何が起こるか。そのまま取引を続けていれば、間もなく強制ロスカットが待っている。

二つの危機の際に円高となった原因には共通点が見られる、という説がある。アメリカに多くの資産を保有する日本企業にまつわる「ストーリー」だ。九・一一では〈米経済に対する先行き不安感から〉、三・一一は〈日本国内で資金が必要となるから〉、いくつかの日本の大手金融機関がアメリカに持っている資産を売って円を確保するために動いたというのだ。

そうなれば円の需要が高まるはずなので、好機と見た投機筋が大量に円を買って値を釣り上げる。大きな利益が生じるからだ。

実体のない噂にすぎない。後に金融機関、保険会社が、取材で米国内の資産売却を否定しているので、デマの一種でさえあるかもしれない。

とはいえ、両方の危機の際に投機筋が動き円高になったのは事実だ。

突発的な危機といえば、一九九五年に悲劇を巻き起こした阪神・淡路大震災時も思い起こされるだろう。当時も確かに円高になったが、十六年後ほど急激ではなかった。

東日本大震災時と違い、コンピュータを介するトレードシステムが値動きに対して瞬時に反応するようなものではなかったからであろう。

三・一一の相場は、あまりに急激な円の上昇だったため、日本政府が円売りドル買いの介入を断行するほどだった。さらに、G7加盟各国が話し合いの末に協調介入し、円安トレンドへと移行する。

当時、国際協調は「やるやる発言」が多いとされていた。政府であれ国際機関であれ、経済に関する発表があるだけで市場は反応し、相場が変化するため、実際の行動には至らないことも多いからだ。つまり「はったり」である。

この時も「まさか実行はしないだろう」と大方は考えていた。だが、G7の発表は本気だった。各国が円を売る。

そうして円安へ誘導されると、追随するトレーダーが円を売り、二週間ほど続く急激な円安へと移行する。

ただし、結局そういった状態は長続きせず、再び円高トレンドへと移行した。

その後は、上下を繰り返しながら、十月三十一日にさらなる最高値七十五・五円にまで突き進んでいく。

二〇一一年の後半、日本経済にはさらに波乱が待っていた。

貿易収支が三十一年ぶりに赤字へと転落する。つまり、一九八〇年、山口が子どもだった時代以来ということだ。

きっかけは、東日本大震災の半年後、東アジアに再び訪れた危機だった。三ヶ月に渡ってタイの多くを水没させた大洪水だ。数百万人が被害を受けた。

いまだ震災からの復興に程遠い状態の日本は、ここでも多くのフェーズで影響を受けてしまう。

タイには日本人、日系人とも多くが生活しており、また日系企業が工場や現地支社を置いていたので輸出入とも大きな打撃となる。

東日本大震災が起こったときの相場について、エコノミストたちは予想を外した。円安になるだろうとコメントしたのだ。これだけの打撃を受けた国の通貨は売られるのが当たり前だと。そうはならなかった。

評論家は結論めいたフレーズを言うのが仕事だ。しかもそれには「確からしい」エビデンスを伴わなければならない。この時は過去の歴史に答えを求めるしかなかった。未曾有の天災、つまり過去に例を見ないほどの大きな出来事であったにも関わらず、だ。

翻って、プロのトレーダーはどうか。

「見《けん》する」「見《けん》にまわる」という表現がある。

勝負事で用いられる言葉だ。ゲームに参加せず、情勢を見守る。その間に自らの身の処し方を考える。経験豊かで優れたプレイヤーほどこれができる。

脳のマクロな部分では世界で何が起こっているかを意識しつつ、ミクロな場所では、目の前のチャートに集中する。それでチャートに明確なサインが現れているのならエントリーするし、先行きが判断つかなければ「わからない」と、観察するに止める。

取引きに参加しないからといって、何もしないわけではない。

†††

クロスリテイリングは、月額制FX投資講座の成功後、会社を移転した。

岩本町から自動車で十分もかからない場所にある文京区湯島のビルの一室だった。二つの講座が立て続けに会員を獲得した結果、業務が爆発的に増え、とても四人で回せるような量ではなくなったからだ。新たな社員、アルバイト、とにかく人手が必要だった。もちろん彼らが仕事をする広い場所も。

経理関連の業務を処理する専門の社員も入社した。

その結果起きた変化として、矢野がよくおぼえていることがある。

「福利厚生を整備する」と決まり、驚いたのだ。

それまで給与明細に記載されていたのは、基本給＋雇用保険の二つだけ。厚生年金はなく、健康保険もない。仕方なく、国民年金、国民健康保険に加入していた。立場はアルバイトのようなものだった。

会社としてきちんとしていくためには、本来、社会保険、労働保険に加入しなければならない。そう決まった時、助かったと思う反面、

「大丈夫なのだろうか」

と心配したという。それらを払ってしまって、会社に資金は残るのか。

さらに驚いたのは「残業代がつく」と聞いた時だった。本気で潰れてしまうのではないかと考えたものだ。

移転前後で、新たな試みが始動していた。

より高額の投資講座を立ち上げる。もちろん、サービスの中身は代金に見合った濃厚で

高度なものになる。

この時から、講座は会社にとって学習の場というだけでなく、ビジネスとしての「プロジェクト」になっていった。

何が違ったのか。本格的なマーケティング手法を導入したのだ。

具体的には、アメリカ生まれの手法「プロダクトローンチ」を使い、会員を募った。クロスリテイリングは、現在は日本でもウェブ・マーケティングの基本ともいえるほど普及したプロダクトローンチを使い、成功へ到達したおそらく最初の日本企業である。

このテクニックは、ジェフ・ウォーカーというセールスマンが二〇〇〇年代半ばに作り上げ、アメリカで爆発的に広まった。インターネットを舞台にした商業環境に最適な手段のひとつだ。

新商品のリリース前に、顧客となる可能性の大きい人々へ向け内容に関する情報を提供する。たいていの場合複数回に及ぶその発信によって、商品の魅力や有用性が理解された頃に発売本番となる。

一般的な広告では、当の商品と無関係な大多数の人々に対しても闇雲で大雑把なイメージを発信する。対してプロダクトローンチは、もともとそれを必要としている層へのダイレクトな訴求である。アピールが確実にできれば売り上げは間違いなく上がるはずだ。

とはいえ、町田や矢野にしてみれば、「本当にうまくいくのだろうか」と半信半疑であったという。内容は自信がある。それは間違いないにしても、入会金が気になったのだ。二十万円だった。前回が月額八千円だから、じつに五十倍なのである。

だが、申し込み数は予想を上回っていた。マーケティング手法が新鮮で人々を惹きつけたと同時に、なんといっても「恋スキャFX」から続くしっかりした投資教育の内容が理解され、また求められていたのだろう。つまり会社設立二年ほどにして、すでに会社のカラーが認められ始めていたということだ。

次の場《ステージ》につづく

——クロスさんのものは、なんか買っちゃうんだよね。

後に取締役になる金本浩がセミナーに来た会員の一人に言われた言葉。

彼の姿を見かけたのは一度や二度ではなかった。気づけば、別の講師、別のテーマのセミナーでもよく見かけるようになっていた。

顔見知りになり、挨拶を交わし始めた頃に、先の会話となる。

二〇二〇年現在も〈山口イズム〉は会社に受け継がれている。ただし、伝説じみたトレーダーの名だけではなく、クロスリテイリングというメーカーの顔として、そのブランドが認知されているようだ。

金融や財テク関連のコンテンツは、講師やそのテーマによって選ばれる。その人が稼いだテクニックを知りたいのだ。制作をしている会社名など、ユーザーは気にしないことが多いだろう。

稀にそうではないものもある。株やFXを書籍から学ぼうとしたことがある人ならば、アレキサンダー・エルダーの『投資苑』など投資関連書で有名な日本の出版社、パンローリングの名を聞いたことがあるかもしれない。役に立つ良書を発行するとの評判がある。業界では、ブランドとして信頼を得た数少ない例ではないだろうか。

クロスリテイリングは、ある時期から意図的にそのようなブランディングを目指してきた。


金本がそれまでのバイトを辞め、会社に加わったのは、湯島に移転後だ。求人広告に応募したのがきっかけだった。

「ウェブ・ディレクターになりませんか」

そんな募集文句に惹かれた。時代の先端の匂いがすると思ったという。とはいえ、彼にはネット・コンテンツ制作の経験はまったくなかったのだが。

入社してすぐ、とりあえずの仕事内容はサポート対応であった。その後の数年間、金本はこれに携わることになる。

もちろんベンチャーはどこでもそうであるように、一つの仕事だけやっていればいいわけもない。だからより正確には、サポートと他のできることすべて、が業務であった。

サポートは当時も現在も会社の業務の大きな部分を占める重要な核となっている。会員とのやり取りが積み上げられたからこそ、前述のような会員の信頼につながる。

ただし、当時はまだまだ誰もが手探りの状態だった。応答に関するメソッドの完成には程遠い。

そんな状態で、時折、投資について素人の、教材づくりにかかわっていない初心者に答えられない問い合わせも入ってきた。そうなるとバタバタである。解決策をみつけるまで会員を電話口で待たせてしまうこともあった。

来る日も来る日も、問い合わせの件数は増えていった。

湯島天神の裏のオフィスは、三ＬＤＫほどだったろうか。オフィス用のフロアで、一つ上の階は住宅用、実際に一家族が生活を営んでいた。

矢野と金本が当時を振り返る口調からすると、この頃がもっとも雑多な時期だったようだ。どちらへ向かっているかもわからず、突き進んでいたのだろう。生まれたばかりで若く勢いのあるビジネスの世界にはそんな姿がよく似合う。

矢野は言う。

「もうあの頃のような働き方はできない」

金本が忘れられない光景。

手洗いが室内にあり、入るたびとても気を使ったこと。

サポートが日増しに大変になっていったこと。

「向かいの席のスタッフが、朝、出勤して電話の前に座ったかと思うと、帰るまでずうっと話しっぱなしだった。退社時間にはくたくたになって、座り込んでいた」

それが毎日続いた。

人の出入りが激しかった。常に求人募集をしていた。採用してもすぐに辞めていくパターンができてしまっていた。


講義をする動画の撮影に少しばかり変化があった。

機材は相変わらずハンディカメラだが、会社の片隅で撮影するようになったのだ。それでも、撮影のたびに部屋を借りていた頃からすれば大きな進歩だ。収録が始まると、近くにいる皆が黙り込んだものであった。

偶然の符合がある。

山口が郷里で塾を始めた時と同じ道具がその場にあった。

ホワイトボードだ。

場所とこれがあれば始められる。そう考えて学習塾がスタートしたのだ。

もちろん、その程度の機材で凝ったものができるわけはない。

シンプル、あるいはプリミティブ。現在、当時販売していたようなものを新商品として市場に出せるかといえば、とてもではないが無理だろう。プロダクションのレベルが違う。

人気YouTuberを考えるといい。必ずしも映像作りのプロではない彼らがほんの二、三人で制作したものでも、クオリティは非常に高い。台本、撮影機材、編集。テレビ番組と遜色ないのではないだろうか。

そんな中で当時のような家庭ビデオ感丸出しの動画教材を売れるわけがない。

あの頃にやっておいて運が良かった、という言い方は、だが、おかしい。

あそこがスタート地点だ。この分野は、業種も目的も関係なく、お互いに切磋琢磨しつつ、進んできた新しいビジネスなのだ。

山口が日本のオンライントレードの歴史とともにあったのと同様、クロスリテイリング自体、ウェブ・コンテンツが発展する真っ只中を駆け抜けてきた。

「恋スキャFX」で始めた講座の路線は新たな段階へ突入していた。

山口以外の講師をラインナップし、彼らによるコンテンツを増やしていく計画だ。

FXのトレード手法は非常に種類が多い。最初の動画講座で扱った「スキャルピング」は、短い時間で取引きを終了させるが、それを苦手とする人もいる。じっくりと数ヶ月にわたって動向を見て、年に数度だけエントリーするほうが性に合うのだ。

また、スキャルピングひとつとっても考え方が違う。トレーダーの数だけスキャルピングがあると言ってもいい。分析ツールの見方すら、それに合った訓練が必要となってくる。精通し、鍛えられた講師が教えなければならない。

外貨を売買する方法の何がそんなに違うのか。FXをそれなりに体験したトレーダー以外にはわかりにくい話かもしれない。

野球に例えて考えてみる。

最終目標は試合に勝つことだ。勝ちとは、九回の表裏が終わった時点で、点数がプラスになった状態をいう。トレードになぞらえると、相手チームが「相場」、トレーダーは「監督」にあたる。向こうはどんな投手が登板してどのような球を投げ込んでくるか、打者はどうか、それらに対し自チームの選手を起用し、作戦を立てて戦う。そして勝てる監督であるためには、野球というゲームの攻守全面についての幅広い理解と知識が必要になってくる。

トレードの場合も、いろいろな知識や技術を学ばなければ独り立ちしたトレーダーとして安定して稼げるようにはならないといわれる。おおよそ十人から二十人の教師が必要だとの声も聞かれる。

だからこそ、山口はクロスリテイリングのたった一人の講師としてのみで続けていくつもりはなかったのである。優れた講師を紹介する役割を兼ねるのだ。ユーザーは、山口を含むバラエティに富んだ講師陣の中から自分にフィットする一人を選んで学び始め、徐々に他の講師が教えるトレードスキル習得へと広げていく、そんなイメージだ。

そうなると、コンテンツのクオリティを確保する役割もこなさなければならない。講師の人選と動画・教材の作り込みにじっくり手間をかけ、満足できるものができるまでリリースはしない。

講師探しに苦労することはなかった。

業界初の試みがいくつも成功したことで、講師をさせてほしいというトレーダーからの申し出が相次いでいたのだ。この流れは、十年が過ぎた現在でも途切れることなく続いている。

カリキュラム内容は講師に丸投げしない。インスタントなものづくりは厳禁だ。

当時、すでに投資関連の教材や講座はネット上に多く存在していた。山口自身、株やFXを身につけようと苦労していた頃にそれらを購入し、あるいは会員になっている。かかった金額はおそらく合計一千万円にはなった。

だからよくわかっている。おおいに役に立つものもあれば、いい加減なものも散見されることを。そして、そういった派手で中身の怪しいリリースを続けて、ダメになっていく姿も見ていた。

先例を反面教師とし、雑な教材は決して世に出さないことにポリシーを見い出したのだ。講師の有名無名に関わらず、どう伝えるか様々なアイディアを盛り込み、間違いがないかどうか検証しつつ作り込む。それぞれの段階で多くの教材に触れてきた山口が検証した。

評価ポイントはいくつかあるが、主なものは二つだ。

①わかりやすいこと

②面白くて興味を惹かれること

「わかりやすさ」は特に重要である。すこしばかり喋りが下手でもいい。取っ付きにくくなるのは避けなければならない。

そこで注意を払うのは言葉遣いだ。使われる単語には気を使った。

なぜなら、いきなりトレーダー同士が使う専門用語ばかり並べられると、入門者は疎外されたように感じて離れていくだろうからだ。

そもそも、当時は「ＦＸ」という単語さえ、目につき始めてこそいても一般に意味が浸透しているとは言えない世の中だった。クロスリテイリングのサイトにアクセスしてくるくらいだからＦＸが何かぐらいわかっているだろうとの先入観は禁物だった。

むしろ、会員になってから為替投資とは何かを正しく理解してもらう、と考えた方が合理的である。そこで初期の動画の講座ではまずその説明に時間を割いていた。

作り込みの結果、外部講師による初めてのリリースまでに一年かかった。

一人目の講師は「恋スキャＦＸ」で学び、大きく稼ぐようになった会員出身者だ。十万円を一千万円にしてしまったという強者である。

彼とのつながりは、神田で開催したセミナーからできた。会場で山口に対し詳細な質問をぶつけ、自分の考えを滔々と述べ立てたことで社員が注目した。

そして、よくよく話を交わしてみると、投資についてもFXの手法についてもしっかりした自分の考えを持っていることがわかり、講師として教材を作るプランが立ち上がったのである。

このケースを皮切りに、次の八年で講師は三十人を数えるまでになる。FXのトレード方法だけでなく、シグナル配信、株についての講座など分野も広がった。

再び事務所が狭くなってきた。社員は十五人ほどを数えるまでに増えていた。移転をしなければならない時期だった。

そして、次の場所でクロスリテイリングは思いもよらぬ厳しいイニシエーションを通過して、会社組織として大きく成長することになる。

ベンチャー・アドベンチャー

時間は少し遡る。

「恋スキャFX」と月額制投資講座が好調にスタートし、さらなる挑戦として順風満帆に思えていた二〇一一年の夏、会社にとって大きな転機があった。

山口と共にクロスリテイリングを設立したパートナー布川が会社を去ったのだ。

原因はいくつかあった。

まずは彼の金銭感覚。

会社の通帳を見て、

「半分もらっていいよね」

とこともなげに言う。

そして、収入から固定費と人件費を差し引いた残りの半額を持っていってしまう。クロスリテイリングは二人で所有しているのだから、半分は自分がどう使おうと勝手、というわけである。大半が彼の飲み歩きに費やされていった。

一ヶ月に三百万円から四百万円にのぼった。

布川はビジネスのつながりをつけるために誰かを接待するわけではなかった。むしろ、営業的な活動は山口がしていた。では何のための飲み代か。

「こうやって遊び歩かないといい仕事ができないんだよ」

何を言ってるんだ、と山口は思った。いくら共同経営者とはいえ、会社の資産を勝手に使い込んでいいわけはない。

だが、布川は納得しなかった。

「山口さんはわかってないんだよ。遊ぶことでアイディアが湧いてくるんだから。この投資が十年後に必ず役に立つ。俺も会社のためにやってるんだから」

もうひとつ、彼と袂を分かつ、より重い理由があった。

布川には会社を経営し続け、より発展させていく意欲がなかったのである。

アメリカのベンチャービジネスが語られる時などに頻出する考えそのものだった。「スタートアップ」などと呼ばれる。新機軸のあるアイディアを使って会社を起こし、成功し話題になって企業価値が高まったところで他者に売却してしまう。それで資産を増やし、会社との関わりは終わりだ。

山口は同意できなかった。会社がそれらしい形を成してきたことで責任感が生まれたのだ。メンバーに加わってくれた社員に対してである。

金本のようなメインの事業に携わる者と同様に、経理や事務を担ってくれる者がいてこそ日々の業務を回していける。不案内ながらなんでも自分でこなさなければならなかった以前の状態を考えると、ありがたみが身にしみる。

そして、彼ら彼女らには家族がいて、各々の生活があり、そのすべてが経営者の方針ひとつにかかっているのだ。

昔、自分の肩にかかっていたのは家族の生活ぐらいのものだ。塾が軌道に乗ろうが、投資で稼ごうが損をしようが、個人の勝手、あくまで家庭の中「ドメスティック」な範囲の浮き沈みである。

状況は変わった。

もし布川の言うとおり、M&Aで会社を売却したらどうなるだろう。社員はちゃんと仕事を続けられるのだろうか。クビになってしまうかもしれない。あるいは会社自体が潰されてしまったりするのでは。

二〇一一年は、激動の年であった。

震災があり、日本経済に打撃もあった。

そうでなくとも、デフレ真っ最中だ。新卒就職氷河期の最悪な時期こそ終わっていたが、中途採用で就職先を見つけるのは難しい。

クロスリテイリングを発展させていくしか道はないのだ。

山口は、今でも布川がいてこそ最初の一歩が踏み出せたのだと考えている。見せ方を心得ていた。ウェブ上で目をひくデザインとコピーが売り上げに大きく貢献したのだと思う。

FXの自動売買ツールをやめ、路線変更して投資入門の動画を準備していた頃、見ず知らずの多くの人に注目してもらうため、どうしたらいいか二人で考えを出し合った。

初心者、入門者、少し興味を持っただけの人々。そんな彼らに、FXを通して投資の基礎から学んでもらおうという有料の講座にどうやって入会してもらうか。

ヒントを探し、一緒に街を歩いた。熱中した。商品を作る楽しさがそこにはあった。この時の経験は、山口のものづくりへの認識を開いてくれた。トレーダーが考える内容と、宣伝としての外装・パッケージングをつなぐ方法が形作られたのだ。

どんな分野であれ、自らの特色を持たない企業が後づけでブランドづくりをするのは困難な道である。パイオニア企業として、山口と布川は二人でそれを作り上げた。その成果は何があろうと色褪せるものではない。

――そして。今後の方向について、たびたび議論した。もうダメだ、お互いに受け入れられないとの結論に達した。

これ以上、二人で続けていくことはできない。だが、布川に辞職の意思はなかった。山口は大きな決断をする。彼を解任するしかない。

取締役解任の動議を起こすため、株主総会を開いた。

じつは、クロスリテイリングには三人目の株主がいた。会社設立の際、急遽そのような形をとったのだ。

多田が亡くなり、二人で起業することになった。その時、株を五〇パーセントずつ持ち合っても特段の問題はなかったのだが、三人にしたほうがわずかながら税金の得になると布川が言うので、二パーセントだけ、もう一人の知り合いに持ってもらったのである。

布川は不思議とその手の感覚はしっかりしていた。外部への支払いをする際に、振り込みの手数料がもったいないからとわざわざ銀行へ現金をおろしに行き、それを持って歩いて相手先に出向いていたぐらいだ。

四十九パーセント：四十九パーセント：二パーセントの持ち株比率。

山口はもう一人の株主を説得し、計五十一パーセントの過半数を得て、布川を解任した。解任を可能にしたのが、彼自身から発せられたアイディアである節税対策だったことには、因果めいたものがある。

布川から株を買い取った。最終的には残り二パーセント分も買って、山口一人が会社オーナーとなる。

町田は矢野と共にこの間の経緯を知らされていた。

「この会社は全員のために発展していかなければならないんだ」

山口が口にした言葉を聞いて、自分もまたここでやっていこうと決心した。思えば、ほんの二年前は自分の会社を起業しようとしていたのにも関わらずだ。

†
†
†

新たなフェーズが訪れた。

それまで手がけたビジネスのうち、山口が独断ですべてを進めたのは学習塾のみだった。シグナル配信を始めようと持ち掛けられた時は、何度も断った。乗り気ではなかったのだ。しかし、多田のビジネスに参加する形にしたので何とか気持ちの整理はつけられた。

クロスリテイリングの着想は山口のものだったが、一人ではなく、布川がいた。どちらも商品を山口が作り、パートナーが売り方を形にした。反発はありながら、ビジネスとして成り立った。

一人になったのは、必然だったのかもしれない。いま一度、すべてを組み立て直すべき時期だった。

前述のとおり、二〇一二年に会社は二度目の移転をする。成長することによってまた手狭になったためだ。

湯島の家賃十七万円から西新宿にある百六十万円の大きなビルへ。

この引越しがきっかけだった。

当時は、山口のワンマン経営といえる状態となっており、多くがトップダウンでまわっていた。何をやるにしても社員から反対が出ることはなかった。

ところが、これにだけは金本が意見を言ったのである。

「新宿とか渋谷とかはウチの会社に似合いません」

《西》がダメだという。

金本独特の表現だが、山手線内を皇居を中心として区切った場合、神田や湯島は千葉寄りの東側であって、新宿、渋谷、六本木などは、東京でも市町村側への出入りとなる西側だと考えているらしい。

そもそも二十三区自体は、島嶼部をのぞく東京都の中で東の端に位置している。高尾山から、あるいは奥多摩から見れば、新宿も上野も変わらない。ずっと東だ。地図上は、である。

新宿駅を出発して東京駅まで、山手線内を東西へ横断すると最速で十三分ほど、あっという間である。分けて考えるほどの距離なのか。

たったそれだけの事柄だが、今になって考えれば、実は金本の発言は重要な意味を含んでいたのかもしれない。

設立三年ほどしか経たない会社に加わったばかりと言っていい若き社員が、自社の《らしさ》はどうあるべきか捉えていたのだ。多くのベンチャーに見られる創業者ワンマンなあり方とは違う企業内文化が築き始められていたといえるのかもしれない。

第三章

〈企業において、共有ビジョンは社員と会社の関係を変化させる。もはや「あの人の会社」ではなく「自分たちの会社」となるのだ。共有ビジョンは、互いに不信感をもつ人々が協調して働けるようにする第一歩である〉

ピーター・M・センゲ『学習する組織　システム思考で未来を創造する』

（枝廣淳子ほか訳、英治出版株式会社）より

容疑者

年間売り上げが十億を超えたのは六期目から七期目にかけて、二〇一四年のことだった。起業は二〇〇九年七月である。二〇一九年までの売り上げは以下のようになっている。

一期目、約三千万円。
二期目、約九千八百万円。
三期目、約三億二千万円。
四期目、約七億二千万円。
五期目、約八億五千万円。
六期目、約四億一千万円。（決算期変更のために半期分）

七期目、約十二億四千万円。
八期目、約十九億五千万円。
九期目、約二十五億五千万円。
十期目、約三十五億七千万円。
十一期目、約四十三億円。

振り返れば、会社の売り上げが大台に乗ったあの当時は、山口個人としても絶好調の時期だった。個人で手がけた投資もうまくいき、周囲からは天才だともてはやされていた。なにやらそれまで軸足を置いていた現実の生活とは違う、狂騒の中にいるような気分であったのかもしれない。よく聞かれるような、新興ベンチャーの社長が六本木などで毎晩遊びまくるなどという生活ではなかったが、郷里の家族のもとへ帰る足も滞りがちになっていた。

平成二十六年六月二十六日。目の前の世界がひっくり返った。

午前九時、山口はマンションのコンシェルジュから連絡を受けた。

「国税局の方がみえられてますけど、お通ししていいですか」

インターホンの小さなモニター画面に、大勢のスーツ姿の男たちが、折り畳んだダンボールを小脇に抱え並んでいる姿が映し出されていた。テレビで見るあの光景。瞬間的に悟った。

——査察だ。国税局の強制捜査だ。

この時、妙な考えが頭をよぎったという。今いるマンションの部屋は二十四階である。彼らがエレベーターで上がってくる間に、うまくすれば非常階段から逃げられるかもしれない、と。

すぐに思い直した。いや、そもそも身に覚えはない。きっと誤解だろう。直接会って話をすればすぐに帰ってもらえるはず。

だが、間違いではなかった。

「法人税法違反の疑いで家宅捜査をする。心当たりはあるか」

玄関に現れた東京国税局の査察官が裁判所発行の捜査令状を手に言い放った。山口の説明を聞くつもりは寸分もない態度である。有無を言わせない。押し殺された表情は、能面のような冷たさであった。

一斉捜査だった。同時刻に会社と外注の取引き先、さらに故郷にある家族の住む家にまで捜査官がやってきたのである。

山口は携帯を没収され、どことも連絡が取れない状態になった。「証拠隠滅と口裏合わせを防ぐため」だ。家族と社員に「落ち着いてくれ」の一言もいえないのが辛かった。

†††

得られた利益に対して支払わなければならない法人税を逃れる方法は二種類ある。収入を隠すか、経費を水増しするか、だ。

クロスリテイリングに嫌疑がかけられたのは、後者であった。ある業者への支払いが、架空の経費計上ではないかというのだ。しかも巨額なのだと。

この「巨額」であるかどうかが、強制捜査かどうかの分かれ道だ。一億円を超える案件が該当するといわれる。それ以外は任意の税務調査となり、査察と違う部署で処理される。

では調査対象はどうやって選ばれるのか。日本には中小企業が四百万社ほどあり、国税局はすべてを調べるわけにはいかない。だから「あたり」をつける。設立されて年数の浅い、ビジネスがとてもうまくいっているベンチャーは比較的調査の対象になりやすいとのことだ。

そして、これらの企業は、詳細に調べていけば正しく納税できていないケースが見つかることがある。原因として、急激に利益を増やしている新興企業の中には、社内の税務関連業務が確立できていない体制の不備を抱えがちであることがあげられる。

なぜそのような状態なのか。

彼らはたいてい目の前のビジネスに必死だ。現状が右肩上がりであってもいつ勢いが止まるかわからないので、税務などにリソースをさく余裕を持てないのかもしれない。増加していく資金のやり取りの中には現金もあり手形もある。どう処理すればいいか判断しづらい収支も出現する。そんな時、経験の浅い若い会社では専門家の判断をあおぐことなく、自分の都合でなんとなく始末してしまうことがある。すると納税義務の範囲を逸脱する可能性がでてくる。

このような勘違いは脱税と申告漏れの境を曖昧にする。裏帳簿や現金を秘蔵しておくなどの証拠があれば明白であるが、誤った申告が意図的かどうかは判断しづらい。

たとえば、一億数千万円の「申告漏れ」があったとして二〇一九年にニュースを賑わせたお笑いタレントの場合は、見方によっては犯罪だったろう。なにしろ、個人事務所への収入を三年間いっさい申告していなかったのだ。本人は自分の図抜けただらしなさが招いた結果と会見していたが、そんな言い訳は一般の企業で通じるものだろうか。しかし、彼は起訴され裁判にかけられることもなく、自粛のみで社会復帰してしまった。犯罪成立の基準には幅があるのか、と話題になった。

税務調査官の仕事は、本来、税金が納められているかどうかを確認することだ。だが、実際には税法に違反した会社や人物を特定し、追徴課税の徴収こそ目的になっているという。その額が大きければ勤務評定はあがるし、積み重ねていけば将来の出世につながる可能性がある。公には認められていないが、追徴課税額のノルマさえ存在するという話もある。

山口の自宅はじめ、各所へ強制捜査に入った「査察」は、絶好調のベンチャー企業に目星をつけ、申告を調べ、これはと思う箇所があると容疑を固めて裁判所から令状を取得し、有無を言わせぬ捜査をする。

強権を発動し、世間の注目を浴びているような企業を捜査するだけに、勘違いでしたでは済まされない。よしんば脱税の証明ができたとしても、思ったより金額が小さければやはり面子は立たない。だから、あらゆる書類をひっくり返し、パソコンを押収して不正の証拠を入手しようとする。

役所の面子と成果主義。国民には関係のない話だが、それらの要素と納税義務が絡み合って税務調査は形作られている。

企業のグローバル化が進むにつれ、各国の税金システムの違いによるリスク管理はより重要になってきた。税率が違えば、役所への申告方法も違い、納税の際の行き違いが引き起こす税務調査の傾向などは関心の的となる。せっかくの海外進出を果たしても、現地法人が税法上のトラブルに巻き込まれてしまえば大いに面倒なことになる。

調査の仕方は千差万別である。たとえば、他国の税務調査で有名なのはアメリカの内部告発者への多額報酬だ。多い場合は追徴課税の三〇％にものぼるという。調査の仕方も日本とは様相が違っている。自宅や企業に調査官が出向くのではなく、税務調査の対象者を召喚し、帳簿を持参させ、取り調べをする。

あるいは、より身近なところでアジアのいくつかの国の誤捜査の問題もある。脱税で告発されても裁判で覆る率が高いのだ。これは当局による見込み捜査の仕方が他地域に比べあまりに大雑把であることが原因だとされる。

中国においては、同じ裁判をしても納税側が勝つことはあまりない。日本もまた同様だ。

強制捜査の翌日から、毎日、山口が国税局に出向いての取り調べになった。

精神的な苦痛が始まった。先述のように、国税局の職員には是が非でも脱税による犯罪を成立させなければならない理由がある。証拠が見つからず起訴までもっていけなければ大失態であり勤務査定に響き、逆に大きな額で犯罪を立証できれば将来出世できるかもしれない。

経理上のミスなどではなく、意図した犯罪行為があったことを認めさせるべく、尋問者が山のような資料の項目について細かく問い詰める。自供を引き出せば調査官の勝ちだ。

この時、嫌疑をかけられた所得隠しは二億円、逃れた税金は四千万円超とされている。だが、実際にどの会計処理が問題になっていたのか、この時点になっても山口には知らされていない。

ほとんどの入出金は問題が起こるはずない単純なものであると確信があった。ましてや多額の資産を故意に隠してはいない。もし何かあるとすれば、この数年間にイレギュラーで発生したキャッシュの落ち着き先に関してだろうが、正直言って、細かく覚えてはいないぐらいのものだ。国税局の査察官が出張って、大がかりな捕り物をするような、数億にのぼる取引きなどあり得るのか。

それでも、調査の証拠探しは何かをつかんでいるかのように粘り強く、微に入り細を穿って行われた。パソコンと携帯に保存されたメールを調べ、チャットまで復元する。山口はその二つを使った連絡が非常に多く、数はおそらく数十万に及んだだろう。徹底的、まさにシラミつぶしであった。


翌年、二〇一五年二月、主な取り調べが東京地検特捜部へ移った。通常、国税局でのそれは一年にも及ぶというが、この件は短めに処理されたらしい。

地検特捜部の取り調べは、嫌疑についてのやり取りが国税局とまったく違っていた。どの取引きが法律に反している可能性があるかを明確に示されたのである。

ピンポイントで指摘されれば、「なるほど。それはマズかったな」と納得してしまう。違法になるかどうか知らずにしてしまったこととはいえ、罪を認めざるを得ない。

最終的には、外注先への支払いが相手の配慮で戻ってきてしまったものの、とはいえ受け取るわけにもいかず宙に浮いていた分など、数件の申告漏れが罪であるとみなされ、裁判へと進むことになる。

本来、国税局が嫌疑をかけて調査に乗り出した「本命」の数億にのぼる脱税について不正はなく、きちんと納税が行われていることがわかり起訴はされなかった。

のちに知った話によれば、国税局の査察を受けたからといって全部が罪となるわけではなく、見込み捜査で証拠がつかみきれず、その何割かは不起訴になっているという。

三月、在宅のまま起訴となる。

この出来事はニュースとして注目を浴びるはずだった。会社は流行のＦＸ業界の風雲児である。知名度は上がっていた。事件性を大々的に打ち出してマスコミが流布させる寸前までいった。その日の夕方のニュース番組で「投資関連ベンチャー企業、脱税の疑いで起訴」のようなタイトルによって世に広められるところだったのである。

ところが、そうはならなかった。他に世間の耳目を集める話題が起きたからだ。

大塚家具の内紛。創業者である大塚勝久が、株主総会で自身の社長復帰を求めるも否決され、逆に取締役を辞任する劇的な展開となった。

ちょうどその日が起訴にあたっていた。ゆえにクロスリテイリングの脱税疑惑がニュースで流れることはなく、経済系のネットニュースで短信として報じられただけだったのである。

裁判が始まった。だが、この時点で争う点はほとんどない。検察に起訴されればほぼ九割が有罪となる。残るは執行猶予の期間ぐらいのものである。

幸い、弁護士は、知り合いを通じていくつもの大きな事件に携わってきた高名な人に依頼できた。

魅力的な人物で、山口とは後々も付き合いが続くことになる。

判決がどのようにまとまるかおおよそ見えているとはいえ、原告と被告が争う一連の手続きを経なければ話が終わらないのも裁判である。公判用の資料づくりを含め、山口にとって貴重な経験となった。

裁判には被告の罪状認否がある。罪を犯したことを自分で認めるかどうか表明する場面だ。

山口は納得がいかなかった。今回の件は経験不足から起きたミスである。わざと隠した訳ではない。しかし、経験者などの意見では認めるしかないという。そういうものなのだと。無罪を主張して自分に非があることを認めなければ、裁判は長引き、さらに大変な日が続く。社業の他に大きなプレッシャーを背負い込んでしまう。

まして、たとえ無罪を主張しても、弁護士の見立てではほぼ間違いなく有罪の判決が降りる。結局、山口は罪を認めた。

判決は求刑より半年少ない懲役一年執行猶予三年、罰金一千万円。

予想されたとおりの結果だった。

あとは、三年の間に他の罪を犯さなければ、四人になることはない。

申告漏れがあった分の追徴課税はすでに払ってあり、罰金とそれらを合わせれば、安くはないが、罪を償い、罰を受けたことになる。

それでも長く続く不安はいくつか抱え込んでしまった。

まず、支払った税金と罰金分の会計処理が非常に複雑になってしまった。

「潰した方がよっぽどましだったと思うくらい大変だ」

訴訟を生き残った先輩経営者に言われたこと。どれほどのものかと思っていたが、体験してみると聞きしに勝る面倒さだった。処理が終了するまでには何年もかかってしまう。

執行猶予期間があけるほどの時間が経っても、まだまだ先が見えないのだ。

金本ら社員は、山口がこの事件を半ば予言していたことを覚えている。西新宿へ移転する前、湯島にオフィスがあった時代から、そのうち査察が入ると思うと口にしていたのだ。当時、短い間に急成長したベンチャー企業が調査されることがたびたびあり、目をつけられやすいらしいというのである。もちろん具体的な心当たりがあったわけではない。だから、実際に国税局の職員が大挙してやってきた時、むしろ「本当に来た。いよいよだ」と思ったという。

当日の朝のことは皆がよく覚えている。山口の自宅と同様、調査員たちが多くの書類をひっくり返し、持っていった。

起訴されてからは、マスコミ対応も必要となった。問い合わせの電話はかかってくるし、ビルの入り口には記者が社員のコメントを取ろうと待ち構えている。アルバイトも含め、何も答えないようにとの申し合わせが行われた。

危機を乗り越える

国税局の調査と起訴、裁判をきっかけに会社は変化していく。

結審までの数年間、山口が口癖のように言っていたのは、

「査察が入って有罪になった会社は0になるか100になるかしかない」

だった。税理士、弁護士、査察を経験した知り合いの経営者何人かに様子を聞いたところ、誰もが異口同音に話していたからだ。

間違いなく、起訴前の状態に戻ることはない。

0とは何か。倒産、あるいは廃業である。

判決が有罪であっても、懲役刑は執行猶予期間中に違法行為がなければ収監されることはない。

だが、ペナルティーは大きい。

税務調査による倒産危機の原因はいくつかあるといわれる。

一つめは、評判が悪くなり、取引き先の信用を失って商売に行き詰まる。

二つめは、銀行の信用を失い、融資等が停止され、資金繰りに窮する。

本来払うべきだったと判決が下された税金には当然、納税義務があり、納めなければならない。さらに、有罪であるから追徴課税がある。

両者あわせて少なくとも数千万円、いや査察の性格上、数億円になるかもしれない。貯えがあるなりして、よしんば無事払えたとしても、その分のマイナスは、いずれどこかで穴埋めしなければならない。信用を失っているので金融機関の手助けなしにである。

さらに、業種によっては別の問題が起こり得る。

認可によってビジネスをしている企業は、有罪によって監督官庁の資格が取り消されてしまうことがある。そうなれば、資金があろうとなかろうと商売は続けられない。

これらの難関を乗り越えられる企業は多くない。

では、１００とは何か。

以上のようなクライシスを乗り越えて、存続できたほどの企業があるとする。

それだけですでに成功だ。

とはいっても、原状回復に辿り着いたぐらいでは、その先もやっていくことはできない。なにしろ、銀行に見切りをつけられ、取引き先の目が厳しい中で、さらにマイナスを返上しなければならないという条件がついているのだ。

では、さらに生き続けることができるのは？　以前を大きく上回るレベルまでビジネスを発展させる力を持っている企業だ。

つまり、彼らが１００になる。

山口の起訴は——クロスリテイリングそのものの起訴であるが——、メジャーなマスコミで大きく扱われなくとも報道されて、一部では知られるところとなった。

しかし、社内で心配したように会社が見放されることはなかった。支払うべき追徴課税も罰金も納めたが資金が底をつくことはなく、入会申し込みの数は変わらなかった。投資教育という社業は途切れることなく続いていた。

取引き先や会員が離れていく事態は杞憂に終わり、最後に残った損失は会社にとって最も大きなもののみとなった。

山口の不在だ。

取り調べや裁判にはどうしても時間が取られる。当時の業務は、山口が出社しないと進められない構造になっていた。自身が講師となる投資講座の関連コンテンツはもちろん、他の講師の講座も、教え方の方向性などに深く関わっていたので、まったく制作が進展しない。それだけではない。たいていの業務の決裁が山口に集中していたので、あちこちで渋滞が起きていた。

「0か100か」の議論に新たな項目が加わったかのようだ。起訴・裁判への対応が業務の妨害をして、本業が傾いていくこともあり得る。カリスマ性のあるリーダーが引っ張る企業においてはこのような事態が発生してしまう。会社によってはバラバラになって空中分解することもあり得る。沈みゆく船とみて逃げ出す者もあるかもしれない。

クロスリテイリングの場合、矢野や金本たちの記憶によれば、少なくとも国税局の査察から始まる一連の事件を理由に辞めた社員はいなかった。

とはいえ、以前のままとはいかない。目詰まりを起こし、「通常」が戻ってこない日々は、若き社員たちの気持ちに徐々に変化を起こしていった。

文句を言っていても、おろおろしていても仕方がない。やれることをやろう――。

すでに決まっているプロジェクトの準備を進めた。既存コンテンツのサポートや宣伝にも集中した。

自主性を重んじる社風、などとしばしば世間で聞かれる言葉がある。クロスリテイリングが現在ある姿そのものである。だが、この会社の場合、上の誰かが考えてそう導いたのではなく、国税局の起訴から始まった状況に社員たちが直面し、自然と変化していったのかもしれない。

あるいは——集まった社員が、そもそもそういうパーソナリティを備える人々だったのではないか。そういう意見が現在の社内からは聞かれる。つまり、採用が出発点になっているのではないだろうかと。

山口は言う。社員の採用に関して自分なりのやり方があると。

要するに投資なのだ。

創業し、社員を増やし始めて以来ずっと、欠員が出たり新しい部署ができたりして人員を募集する場合、面接はすべて山口自身が行い、応募者の話を聞いて採用を決めていた。

その際、新卒であれ中途採用であれ、募集要項に合致する経験は必ずしも最終決断のための要素とは考えていなかった。投資の知識があればいいし、ＦＸをやったことがあればなおいい。ネットビジネスの知識、動画の作成技術などは身につけていれば、それももちろん重要な武器となる。しかし、あえてどの一つもない応募者をも雇い入れていた。学歴にはこだわらない。高卒だろうが元ヤンキーの中卒だろうが関係はない。社会人としての常識を備えていなくてもいい。他の会社では雇わない人材かもしれないが、そんなことはどうでもいい。

——少し欠点があった方がいい。

簡単に言うとそうなる。この若者は伸びる。投資するに足る。そんなのびしろが見えればいい。それは塾を経営し多くの若者を見てきた経験を経たからこそ鍛えられた「人を見る目」によるものかもしれない。

わかっていた。ごまかしようのない誠実さを持った人間は、後に必ず大きな力を発揮し始めるものだ。

山口にしても、自分が自由に動けなくなる事態など本気で心配していたわけではなく、ましてやそれに備えて人材を募集していたわけではなかった。

しかし、その時がきて、彼らは目覚めた。何をすべきか、どうあるべきか、少しずつではあるが、主体性を持ち自分たちの世界を動かし始めた。

日々が過ぎ、事件の衝撃が落ち着いてきたころ、社内での新たな取り組みが始まった。二度と同じ事態に陥らないよう、会社のあり方を見直す。収支の管理を徹底し、新たに財務法務のシステムを構築した。外部の専門家数名にも依頼し、チェック体制を整える。それまでになかった支出が増えた。

リスクコントロールだ。

業務を続ける上での不安もある。

経済事件によって起訴され、有罪判決を受けた人間が代表であることで、突然、金融庁が「投資顧問業」の認可について何かを言ってこないとも限らない。

実は、他にも不安要素があった。こちらはユーザーが抱くかもしれない印象に対してである。

西新宿に会社を移してから、公の調査が入ったのは国税局が初めてではなかった。「関東財務局」、次に「新宿税務署」があり、最後に強力な査察がやってきたのである。

税務署の調査はよくあるので話題になるほどでもないが、査察の件があったことで以前のなんでもなかった調査が蒸し返され、話に尾ひれがつけられてネット上の良くない噂として拡散されるかもしれない。

なにしろ、ネット投資どころか、投資そのものについてさえ、日本には理解がまだまだ広まっていない。怪しげな商売だと決めつけたがる層はいる。

当然だ。一九七〇年代生まれの山口がそうであったように、四十年後の子どもたちも依然として投資教育は受けていない。社会に出ても、積極的に、意識的に情報にアクセスしていかなければ、多くの人にとって一生使いものにならないのに十年も付き合わされる英語よりも遠く正体不明のシロモノだろう。

だが、投資というものは、本来、それほど身構えるものではなく、欧米のように普通に暮らす人々の生活の一部であるはずだ。もっとカジュアルなのだ。

そのような思いを込めて、クロスリテイリングのコンセプトは「わかりやすさ」を打ち出してきた。「恋スキャFX」以来ずっとである。ウェブサイトの入り口の部分など楽しくしてある。

しかし、ということは、こういう状況の中で考えると、見る人によって「軽薄」として受け取られる危険性をも孕むのではないか、まだまだ高年齢者の割合が多いトレーダーの世界でそれがマイナスな印象にもなり得るのではないかとの不安も生まれてくる。

実際に、初めてサイトを見た時に「イケイケで怪しげな集団ではないのか」と第一印象を持ったユーザーがいるとも聞いていた。動画を見て、内容の真面目さとのギャップに驚いたという。

ネットでの妙な噂をいちいち相手にはできないし、起こってしまったこと、入ってしまった税務調査は仕方がない。しかし、今後、会社を発展させていく上で悪材料となり得る要素があるなら取り除いておいたほうがよい。

そして、山口は大きな決断をする。

代表取締役から身を退き、会長となる。起訴された社長という看板を降ろすのだ。

そして、一人の一般社員を取締役につかせた。

大抜擢だった。

川添拓也は二十三歳。それまで仕事をよくこなしていた。会社のあるべき姿を理解して、献身的に発展に尽くしていた。いきなりは無理だとしても、うまく舵取りをしていく素養はあった。

それが、できなかった。以前の活躍する姿が失われ、変わってしまった。

いや、逆なのかもしれない。現在の山口は振り返って考える。彼は変わることができなかったのだ。社長として期待される役割を果たせるようには、と。

人事という名の悪魔

社長交代劇について、まわりの人間は、いつも通り、山口の結論を即断即決のスピード処理と受け取った。

とはいえ、今度は自身が社長を降りるという話だ。ことがことだけに長い前段はあったのである。

裁判の期間を通じて、山口の考えは変化していった。

主に金銭についてであり、会社経営の最終的な「出口」についてである。

結論は出た。

「金は天下の回りもの」と言われるように、資金は流通させなければ意味がない。目的のないまま滞らせてしまっては、今回のように事故を起こしてしまうかもしれない。

もちろん、何が起こるかわからないので、将来に備えて蓄えておく用意は必要だ。

それ以外は使う。コンビニで、スーパーで、レストランで支払い、仕事を依頼してギャランティを渡す。投資する。モノに、人に、事業に。

会社経営の「出口」とはどういう意味か。

どんな創業者もいつかは引退する。しかし、中小企業――ベンチャーであればなおさら――の創業社長がアイディアとパーソナリティで集団を引っ張っている場合、その人間がいなくなったら会社はどうなるか。求心力を失って、消え去る可能性が高い。

であるからには、唯一の株主として、創業者として、自分が引退する未来に会社をどうするか考えておかなければならないのだ。

クロスリテイリングの看板を下ろすか、誰か後継者に任せるか、あるいは息子たちに事業を継承させるか。

こちらの答えは以前から出ていた。誰が継ぐにせよ、自分が関わらなくなる時が来ても会社は存続していくべきだと。投資教育を柱に事業は拡大・発展する。

未来図が決まった以上、やらなければならないことは自ずと見えた。

《今すぐ、取締役社長を他の誰かに任せる》

問題は、「他の誰か」となる本人が受け継げるかどうかで、この時は結果的に無理だった。あるいは、新社長がもともと専務や副社長などのポジションにいれば違ったかもしれない。

突然、収入が増えると人はどうなるか。

年一回のベースアップによって得られる定期昇給という金額ではない。実際のところ、その程度の昇給であれば、たいていの人は逆に不満を持つのではないだろうか。この程度ではない、自分はもっと評価されていいはずだ、と。そしてより多くの収入を求め闘志を燃やす源とするかもしれない。現在の職場でがんばるか、転職という選択をするか、形は人それぞれ違うものになるだろうが。

自分を見失ってしまうのは、給与明細を見るたび、銀行の預金残高を確認するたびに、つい最近までは見たことのない数字が並ぶ場合だ。自分はもうゴールインしてしまったと達成感を得るのだろうか。燃え尽きてしまうのかもしれない。

故郷で始めたシグナル配信のパートナーがそうだった。彼は突然の大金をどう使っていいかわからず、いわれもなく自分を責め始めた。

起業の際のパートナーも、反応は逆だったが、それまでの行動様式から逸脱した。湯水のように会社の資金を刹那的な楽しみにつぎ込み、消滅させてしまった。

山口自身にしても、トレーダーとして出発した数年間は、儲かる金額の大きさに振り回され失敗をしている。


クロスリテイリングは十年間で多くの社員が出入りした。

もともと優秀な者が力を発揮する場合があれば、履歴書と面接の段階ではわからなかったポテンシャルを急激に示していった者もいる。

当初、山口はそんな社員がいれば、会社としてすぐに応えなければと考えていた。目に見える形で。なんといっても、まずは賃金だ。

経営者として、貢献にふさわしいと思える金額で昇給する。人は、認められているとわかれば、よりパフォーマンスが上がり、会社の発展につながっていくはずだ。

――とは限らなかった。

突然、働きが鈍くなってしまうケースがよくあった。それ以前のような、ベンチャー企業が必要としている「攻め」の姿勢をなくしてしまう。

仕事への向き合う姿勢が目に見えて無難になってしまうことがままあるのだ。

アメリカの有名な労働に関する社会実験にもある。

二つの工場がある。

同じ時期に、片方では勤務する労働者の給料を上げ、もう片方は変えない。しばらく観察を続けると、上げた側の生産性が下がり、据え置きされた工場はパフォーマンスを上げ、売り上げ増につながったという。

巨大企業なら、一人の頑張りが逆にスタンドプレーとなり、会社のためにならないこともあり得るだろう。

だが中小企業はそうではない。まして、ベンチャーは個々の力が大きくものをいう。誰もが常に世の中の動きにあわせて自らを変化させていかなければ、いつ潰されてしまうかわからない。攻めの気持ちを忘れてはいけない。また、社員がそうなる状況を作ってしまってはいけない。

経験を得て、次第にクロスリテイリングでは、昇給を慎重に考えるようになっていく。

立場の変化も問題を含んでいる。

少しずつ、職務と権限が高度になっていき、結果として役職に反映されるならば構わなかったろう。

新社長川添は、突然、辞令がおりて取締役になった。修行の場もないままである。

そして、名刺に「代表取締役社長」と肩書きが刷られた。

若き抜擢者は混乱したのだろう。空回りの状態になってしまった。

山口は、地検の取り調べがある間、会社へ顔を出せない日が多くなっていた。ただし、病気で入院というわけでもないので、仕事はいくらでもできる。

事業継承を決めたが、ワンマンでやってきた以上、突然何もかも放り出し任せられるわけはない。考えなければいけないこと、決めるべきことは山ほどあった。

その相談を新社長は受けていた。

いや、正確には指示を聞いて会社に持ち帰り、そのまま伝えていた。

リーダーの仕事は、決定だ。伝言ではない。

だが、最後まで彼の口から社長としてのしかるべき決断を行ったとの報告が聞かれることはなかった。

それどころか、やがて、妙なことを言い出した。

「仕事に飽きてきちゃったんですよね」

バリバリとやる現場の方が合っていたのかもしれない。自分の役割を見出せない毎日に
モチベーションが保てなくなっていたのだろう。
「しばらく休んでアフリカでも行って自分を見つめ直したい」
とまで言う。
唯一無二のリーダーともあろう人間が口にしていい言葉ではなかった。
今回は、取締役の解任ではなかった。
若者が一人、会社を自ら辞め、去っていった。

カンパニー・デザイニング

最終的に、西新宿には二年と少しの間、居を置いた。

移転で流れが悪くなった、と金本は振り返って話す。

——三度の調査、長引く山口への取り調べ。

集団が組織になりつつあった、と矢野は分析する。

——日常を見直し、合理的な業務管理を進める。

そうはいっても、二人は同意する。あの時期がなければ、現在の姿はない。必要な危機だったのだと。

†
†
†

湯島時代の最後あたりで、矢野がたった一人の部長になっていた。部署が誕生したのだ。

役職名は「システムマーケティング部長」。

山口による突然の辞令の理由は、「責任感を持たせたいから」。

部下はいない。そもそもシステムマーケティングをできる人間は矢野一人だったのだ。

では、ウェブを介したマーケティングに専念するようになったかというと、そうでもなかった。なんでもやることに変わりなく、コンテンツ制作とサポートの間を埋める——常に重要な仕事だ——橋渡しのような仕事も多かった。

結局、システムマーケティング部は長く続かない。だが、これを契機として、役割分担のために専任の部署を作る布石となる。

矢野は、自分たちを派手なイメージのある「ベンチャー系」人種ではない、と考えている。一時期もてはやされた「ヒルズ族」のような人々。もっと最近の言葉で表すなら「パリピー」、幹部が外国製の数千万円もする高級車を乗り回しているような彼らだ。

しかし、移転してみると、そうなってしかるべき状況が西新宿のビルにはあった。

オフィスを構える他の会社は今まで知っている雰囲気とは全く違ったのである。

新宿——一日中、一年中、騒然とし続ける都会中の都会。ましてや日本有数の歓楽街・

歌舞伎町がすぐ近くだ。エントランスで、エレベーターで派手な装いの人々とすれ違う。イケイケのパリピー、あるいは一見してもっとヤバそうな風情をまとった彼ら。

隣のオフィスはまさに絵に描いたようなイメージ通りの社員が出入りしていた。

しかし、クロスリテイリングのメンバーが影響されることはなかった。

この頃、後に会社の大きな力となる講師やスタッフが加わる。

マックス岩本。彼は、独自のやり方を駆使し、FXで成功していたトレーダーだ。すでに他人にトレーディング法を教えることもしていた。動画などではなく、投資系企業のセミナーに呼ばれたり、マンツーマンのコンサルティングのような形式もあった。

彼は、クロスリテイリングでネット講座デビューをする。そして今では、

「たとえ競合他社から誘いがあっても教材を作る気はない」

と言い切る。

皆の熱心さゆえだという。彼自身のトレード法への理解、会員サポートに対する姿勢。他社ではこれほど気持ちよく仕事ができないだろう、と。

あらかじめ持っていた印象は、だが、違った。たぶん軽薄な人々だろうと予想していた

のだ。

それも仕方ないところがあった。なにしろ、西新宿のオフィスは芸能人が住んでいるなどの噂のあるビルだ。それとウェブサイト他の明るい印象を結びつけ、浮ついた集団なのでは、と先入観を持った。

初めてクロスリテイリングを訪問した際の驚きを覚えている。イメージとまったく違っていたのだ。社員たちがとても真面目だった。

この若者たちは信頼できる。そう思った。

以来、教材作りに口を出すことはない。

理解力の高いスタッフと打ち合わせをすると、あとは彼らが内容を作り込んでいく。むしろ、出来上がってきたものを見て、想像していたより面白く、驚かされてしまう。しかも仕事が速い。

二〇一九年までで、三本の講座をリリースしている。彼自身のFXトレーディング方法が時とともに少しずつ変化したのに合わせ、それぞれをレクチャーした。

テクニックが変わったのは、より稼ぐため、というより、自らの生活環境に合わせたからだ。投資はトレーダー本人に合ったやり方でないと成功しない。であれば、自分が変化すれば、方法も微調整していかなければならない場合がある。

エントリーと決済のタイミング、チャートの見方、ツールの使い方。

前回の教材とは違う。つまりは、別の誰かの役に立ち得る情報である。

マックス岩本は人気講師になった。

FX-Katsuこと鈴木克佳の場合は、立場が少し違う。社員であり講師だ。もとは山口の教材で学んだ個人トレーダーである。

やはり西新宿時代に社員としてクロスリテイリングに加わった。サポート、マーケティング、制作、たいていの業務を経験した。マックス岩本のプロジェクトにスタッフとして加わったこともある。

トレーダーの自分が一挙両得していると感じたりもする。なにしろ、一般会員であれば料金を払って知る新しいテクニックを目の前の講師から教わるのだ。もちろん、そんな立場だからこそ、ユーザーに対して何が有益であるか理解し、これぞというアプローチができるわけだが。

アイディアが提案しやすいと感じる職場だ。それが売り上げにつながり、大きな達成感を何度も得てきた。おそらくそういうタイプの人間が採用され集まっているのだろう、と周りの同僚を見ると思う。学習熱心な会員に対して、どれほど誠実になれるか、彼らの資産形成の役に立てるか、という意識が際立っている。

厳しい状況の業界では、ともすれば自社利益のみを優先するようなビジネススタイルも見られるのだ。

若い社員たちの議論にチャンスの芽は多く存在する。彼らの新鮮なアイディアは貴重だ。最近ではYouTubeの無料コンテンツを使った宣伝が欠かせないが、そういう場所にこそ、二十代前半の感覚がフィットする。

会社は、最新のネットにおける動向やマーケティングを意識している。

何がウケて、流行っているのか。成功しているのか。

時代に即したやり方をとても大事にしている。

常に目を配り、新しい動きがあれば取り入れる。マーケティング手法であれば、取引き先の広告代理店、販売を委託する「infotop」などの担当者。ネットでの個人発信者たちも軽視できない。何か新たな潮流が生まれていないかリサーチを続けている。

「流れの悪さ」の中でも会社を前へ進める強い力が集まりつつあった。

一方で、会社を引っ張るメンバーたちの結束は固まっていった。会社の仕事をどう進めていくか、そんな問題を話し合う。

矢野の言葉どおり、この時期に彼らは組織へと脱皮した。

町田は「大変ではあったが、妙に落ち着いていた」と述懐する。

以前の湯島オフィス時代はただただ忙しかった。そのままのペースでいけば、西新宿では本来ならさらなる急激な躍進をするタイミングであっただろう。しかし、実際にはブレーキがかかってしまった。思うように仕事が進まない。結果として、考え、課題が見えてくる状態が生まれた。

「もっといえば」と町田は続ける。

湯島時代は「投資教育とは」「投資教育を広く提供するとは」どういうことなのか、をスタッフたちが考える期間であった。

投資で成功するには継続的な学習が必要だ。ではなぜ投資で成功しなければならないか。目的は経済的自由を手に入れるためだ。欲しいものを買う、住みたいところに住む、行きたいところに行く。どうなっていくかわからない将来に向けて貯えをしておく。

サラリーマンとして労働している限り、誰もが達成できるものではない。

そんなことをはっきり意識した「理念作り」の場所であり期間だった。

西新宿では、大きな事件が起きながらも山口が口癖のように言っていた。「ピンチをチャンスに」と。確かにそうなったと思う。新しいレベルへの「移行期」だった。

もっとも、町田はそんな山口に「悪運が強いですね。いつも最悪の事態にまでは陥らず、その後、より大きく飛躍する」と冗談を言っていたのだが。


一連の流れは、まるでビジネス書に載っている成功した企業のエピソードのようである。社員のモチベーションと共有ビジョンがいかに会社を発展させていくか、事例をひいて論を進めていく。そんな啓蒙書だ。

百八十度の転換だった。

カリスマとして注目されるリーダーが引っ張る状態があり、予期せぬ理由で彼が突然前線を離脱、すると社内統治に関わることのなかった社員たちがステップアップし、会社としての文化を作っていく。

ここでポイントとなるキーワードはあるいは「守り」だったのかもしれない。

山口の考え方はいざ知らず、若き社員たちにとってみれば、湯島まで、あるいは査察までの状況は、よく使われる例えを使うと「ノーガードで打ちまくる」ものだったろう。素晴らしいパンチをいくつも繰り出していた。リーダーについていきさえすれば心配はなかった。

だがターンオーバーがやってくる。守備を考えてもみなかった状態で、突然飛んできた渾身のストレートパンチがクリーンヒットした。かろうじてダウンはしなかったものの、このままではいつまでもつかわからない。

急遽、防御が必要になった。パンチは変わらず飛んでくる。そこから受けるダメージを弱める工夫をしなければならなかった。組織防衛を工夫することによって本当の強さを手に入れた。

† † †

西新宿からの移動は、会社が望んだことではなかった。

業績が下がらなかったとはいえ、横ばいの状態であり、正社員とアルバイトなどをあわせ常に十数人いるスタッフは、忙しくあったが、大幅に増員するほどではない。これまでの、手狭になったから引っ越し、ではない別の理由があった。

家主に賃貸契約の更新を断られたのだ。脱税による起訴の影響がこんなところに現れた。出ていかなければならない。

急遽、都内のあちこちを探しまわった。だが、軒並み断られてしまう。銀行の口座開設と同様、近年は不動産の入居者に対する審査が年々シビアさを増しているのだ。ましてや、査察に入られたとなると、断る格好の口実としてチェックされてしまう。その手の情報は業者たちに共有されているのだとも聞く。

逆風は向きを変えれば追い風になる、というつもりでもなかったが、結局は東向きに反転し、もといた場所の近くへ戻った。

千代田区神田神保町。

起業の岩本町、湯島天神裏、そして今度の神保町。直径三キロほどの円の中に入ってしまう。

アジア一の規模を誇る書店街から一本入った「すずらん通り」にそのビルはあった。年季の入った雑居ビルも残る中で、二〇一一年に竣工されたばかりの新しい物件だ。

オーナーは神保町で百年続く老舗「須賀楽器」の社長。

入居を拒否された件について確認すると、

「いいよいいよ、そんなこと。儲かってる会社なんでしょ」

そう言って笑ってくれた。

フロアは五階と六階を占有する。再び成長が始まった。

プログレッション

フロアふたつ分を占有して新たな時代が始まった。

それぞれの階を行き来するには、外階段、ようするに非常階段、が常用されていた。エレベーターは他の階の人々も利用するし、いちいちセキュリティカードをかざさねば使えず面倒臭かったのだ。これは後々、問題をはらんでくる。

神保町時代は「発展期」だった。

西新宿オフィスはそのための準備だった。この場所で未来へのロードマップの具体化が始まる。攻めとしてのプロジェクトしかり、守りとしての社内体制しかり。両輪が共に力強くなければ、前進できない。

社内の体制として、今までは喫緊の課題と考えられてこなかった事柄に取り組むことになった。

社員・アルバイトの定着率の低さだ。せっかく入社してもすぐに辞めてしまう。西新宿のオフィスには三十人ほどの机と椅子が用意されていたが、全てが埋まっている期間は少なかった。そうしようとしていたわけではない、欠員が出てしまうのだった。

社員同士の話し合いがもたれた。原因ははっきりした。研修に対する意識が薄かったのだ。

するとどういう状態になるか。会社に加わったばかりのメンバーは、スキルの習得も何も、毎日どう仕事したらいいかがわからないのである。FXの知識も講座についてのポイントも教えられていない時点で、とりあえず指定されたサポート部署の椅子に座り、渡されたマニュアルだけを頼りにユーザーの質問と格闘するのだから。

それでも、このやり方でなんとかなっていたのは、「なんとかする」人間が残っていったからである。そうでない若者たちは去っていった。

非効率の極みだった。

人材を募集すれば、いつも相当数の応募がある。その中からクロスリテイリングにおける将来性を期待して採用をしたはず、応募者当人からすれば成長産業のパイオニア企業に就職したはず、だったにも関わらず入り口で躓いてしまう。

取り組みが始まった。

新人には必ず先輩が教育係としてつく。さらに、丁寧なマニュアルも作成することになった。

後進を育てることこそが、会社の発展への鍵であると位置付けたのだ。

外部から経験豊かな取締役なりコンサルタントなりを招いて組織構築をやり直すのが昨今の企業では一般的かもしれない。だが、クロスリテイリングでは違った。お仕着せのルール作りなど思いつきさえしないのがこの会社だ。

試しながら、考えながら。神保町で徐々に人が定着していった。最終的には常に八十人ほどにもなる。

そして、何かに対処できたとなれば、別の足りない部分が見えてもくる。

この頃、顕在化してきたもう一つの大きな問題として、外注への支払いが多くなっていたことがあった。そのため、せっかく増えてきた売り上げが会社の利益として残っていかないのだ。

原因は、技術者の不足だった。

講義など、簡単に編集できる動画は社内で完成させていたものの、広告用の動きのあるものになると太刀打ちできない。そこで外部の映像制作会社に委託する。しかし、力を入れて宣伝に努めれば努めるほど、出費がかさんでしまう。

金本が問題提起した。なんとか内製化の方向へ持っていけないものか。

新たに専門職としての社員募集をすべきだろうか。

すると、動画制作については、中途採用で既に仕事をしていた社員がぴったりではないか、という話になった。田林大和は前職でウェディング関連の映像制作をしていたが、別天地を求めて転職してきていた。改めて見回せば既にともに働いていたのである。

彼を中心に部署が立ち上がっていった。チームを作る。それまではウェブ制作、マーケティングが主だったが、初めて撮影・編集専任の人材募集をした。そして数年かけて、ほぼ八割の動画を社内で撮影するまでになる。

同じように、ライティングのスキルを持っている社員がいれば、その人物を中心にチームを編成した。必要に応じて新規募集もする。

マーケティング、ライティング、動画制作の各チームができて、ミーティングを持ち、コンテンツ制作へ取り組むという流れが見えてきた。

もちろん、突然、すべての外注をやめられたわけではなかったが、制作中のプロジェクトを少しずつ、社内で担当する方向へ転換していく。

欠乏と必要から生まれた部署が、リーダーのもとで業務を縦の流れで処理できるようになる。それこそ組織と呼べるものであり、以前にはなかったものだ。それぞれの仕事の区別が曖昧になりがちで、横の融通をメインに業務をこなしていた時代とは違う。

長くいるメンバーは、この変化を評価した。しかし、すぐに不具合があることにも気付き始める。

分断が生まれてしまったのだ。部署ごとに、自らのチームを守ることを優先し始めたのである。業務上、どうしても部署間で無理な頼みをしなければならない場面は多数ある。それは、期限だったり仕事量だったりだが、リーダー同士のやり取りで「今、手がいっぱいだから、それはちょっと」などという、以前にはなかったような会話がなされるようになる。

軋轢とまではいかない。険悪でもない。仕事が止まりもしない。ただ、どこか歯車の噛み合わせがうまくいっていないような居心地の悪さが芽生えていた。

矢野にしてみれば、フロアがわかれているのがいけなかった、ということになる。ちょっとした話をするのに、いちいち階段を昇り降りしなければならない。また、デスクをめいっぱい詰め込んでいたので、打ち合わせスペースの余裕がなく、落ち着いて話をできないのも気になった。そろそろ、オフィス空間について考えなければならなくなってきた。居抜きではなく、クロスリテイリングが必要とするカスタムを施した仕事場だ。

クロスリテイリングの企業文化は、目に見える形であちこちに表出してきた。

創業メンバーである町田は、いくつかの部署を経験した後、主に会員向けのライティングに携わるようになっていた。物事を段階的に整理して説明文に落とし込んでいく力が認められたのだ。

メールやサイトに置くテキストを書き続ける中で、自分なりの〈クロスリテイリングらしさ〉を伴わせるようになった。それは使用する語彙に気をつけることで表す。

例えば、サポートなどでメールを送る場合、へりくだりすぎない。そこには暗に相手を「お客」扱いしていないとのメッセージを込めているつもりだ。上下関係ではなく、あくまで投資を共に学ぶ対等な同志のようなものである。客と従業員ではなく、逆に先生と生徒でもない。自らの部署の部下たちにもそのように伝えている。

さらに、神保町オフィスの新機軸としては、社内でいくつか法人を立ち上げたことがあげられる。

山口の構想する投資教育は、FXや株式投資のみで止まらない、人生の過ごし方を見据えた長期プランだ。

まず、少額から始められるFXである程度の資産形成をする。ただ、それを続けるかどうかは別だ。その道を極めたいトレーダー以外には、もっと長いスパンでより安定したゆるやかな資産運用の道をすすめる。

というのも、FX取引というのは、山口が推薦するテクニック「スキャルピング」などが典型的だが、情報のチェックから実際のエントリーまでそれなりに時間を取られてしまうのだ。そこそこ年齢を重ね、人生のステージをあがってくれれば、必ずしも四六時中目の離せない投資法にこだわる必要はない。

会社が立ち上がって数年、コンテンツを実践して資産を築き始めた会員が現れてきている。次なるステップはそれを原資としてさらなる資産を築くこと。「資金が資金を産む」形にするのだ。代表的なのは不動産投資だが、それも国内とは限らず、海外を視野に有益な情報を提供していく。

そのためのプラットホームとして、「株式会社Asset Cube」は立ち上げられた。クロスリテイリングの投資講座で資産を手に入れた人々が利用できる、さらなる資産形成へのアドバイザーである。ワールドワイドな不動産関連の情報収集サービスと提供に注力する。

現取締役の岩田優希は、入社前に自らFX投資をしていた、いわば経験者である。彼の採用について、山口はよく覚えている。

クロスリテイリングが人員を募集すると、様々な若者が応募してくる。そのなかでも彼の履歴は独特だった。個人で建設関係の会社を経営していたというのだ。最初はリフォームの仕事につき、その後独立した。しかしケガによって続けられなくなり、以前から関心のあったFX業界の扉をたたいた。

面接で初めて会った時、あきらかにその方面で生きてきた「不良オーラ」が感じられた。会話をしても、多くの入社希望者とは雰囲気が違っていたという。後に岩田が告白したところによると、荒っぽい現場では「なめられないこと」が大事であるので、当時はそんな受け答えだったのかもしれないとのことだ。

採用が決まったのは、会社のもとめる何かが岩田にあったためだ。頭の回転が速く、責任感が強い。攻めや前向きのパワーにかけては群を抜いている。実は、新規に手がけた不動産紹介は簡単にうまくいくものでないことが予想されていた。大きな額の出資なだけに、顧客は慎重になる。当然、業者の実績も検討のひとつになるだろう。

ところが仕事を任された岩田は、目標を大きく上回る成果をあげてしまった。

堀内優の前職は広告代理店勤務である。ウェブ・マーケティングのスペシャリストとして、やはり神保町時代に加わった。

山口は本来、希有の才能を持つトレーダーであり、また教師であり、リーダーである。だが最初のパートナー、多田がそうであったようなセールスの訓練は積んでいない。

ましてや堀内は、より広いビジネスの世界で訓練を受け、腕を磨いてきた人間だ。彼が描いてみせるセールスプロジェクトの地図の論理性と緻密さには、どうあっても敵うことはないだろうと思わされてしまう。

方針の立て方、コピーなどの言葉の選定の仕方。あらゆる要素が目的に向かって集約できる力を持っている。

ネットビジネスについては世代の差もあるだろう。彼は若い。パソコンや携帯普及の第一世代である山口や多田などとは違い、物心ついた頃にはそれらが身の回りにあった。ネットへの親和性も考え方も、より自然に取り入れている。情報のインプット量、自らの方法としてアウトプットするやり方がスマートなのだ。

また、彼は会社全体のパブリシティがどうあるべきかについても司令塔として、すぐに力を発揮していく。投資教育から始まったクロスグループという、止めることなく成長を続ける企業による対外的な発信は、誤解なく伝わらなければならないし、その時々によって矛盾があってはいけない。具体的で明確な基準を示せるコアな頭脳が必要なのだ。

——準備は整った。

投資入門から、本人だけでなく経済社会全体へ広がりを持つ資産運用へと導く大きな意味での「投資教育」を目指す。株式会社Asset Cubeなどが順風満帆にスタートを切ったことで、また一歩その目標へと近づいた。

スピードをあげて

クロスリテイリングから出発したクロスグループには〈クレド〉がある。神保町時代に山口が考案し、導入した。

クレドとはラテン語の「志・約束・信条」を意味する言葉から取られており、個別の企業における根源となる理念を表す。

アメリカなどの企業文化では長く常識となっており、例えば、日本でもおなじみのヘルスケア用品のジョンソン・エンド・ジョンソンには一九四三年に当時の社長が起草した「Our Credo（我が信条）」という文書がある。第一から第四の「責任」について簡潔に書き表しており、会社に大きな危機が訪れた際に行動の根源になったといわれている。

クロスグループのクレドは次のとおりである。

【売上の追求】

売上を上げるためには、顧客がいてこそです。

売上があってこそ、質の高いサービスをさらに展開でき、そのサービスを手にする顧客の価値をさらに創造していけます。

顧客への価値を創造し、提供し続けることで、それが売上に繋がり、会社の発展や安定、私達の生活水準の向上や顧客の幸せへと繋がります。

このように会社とスタッフ、そして顧客を含め周りの人たちを幸せにするためにも、私たちは売上を追求します。

【お互いを認め合う】

お互いを認め合うことは

・働きやすい職場

・最高のクオリティ

・売上の最大化と会社の発展

を生み出すために必要不可欠なものです。

相手を認める精神があれば、いつでも軌道修正をし、チーム力を高め、同じ目標に向かって会社を発展させていくことが可能です。

そのため、私たち1人1人がお互いの個性を認め合い、気持ちの良い環境を作っていく意識を持つことが大切です。

【仕事の価値の追求】

私たちは、ジョブ・バリューを追求、つまり、「仕事の価値を追求」していきます。

仕事の価値の追求は売上の向上と会社の成長につながります。

・顧客の深層にある価値を見出す
・価値に応えるため会社が成長する
・成長によって競合他社と差をつける

このように、顧客の深層にある価値を顧客よりも先に見出し、そこに対する適切なクオリティを求め続けることこそが、仕事の価値の追求となります。顧客にとっての価値を創造、追求し、顧客に合ったクオリティを提供していくことが重要です。顧客に価値を提供することで、顧客の要望レベルが高まり、その要望に応えるためにさらに価値を追求しなければならない。

このサイクルによって、競合他社とは自然に差がつき、差がつくことによって、さらに売上を伸ばすことが可能になります。こうして、「売上の追及」という1番目のクレドも達成されていくのです。


移転をするたびに社員が増えた。神保町時代には業務が多彩になってもきた。たとえそれぞれが違う仕事をしているなかであっても、ひとつの企業グループとして自分が今なにをなすべきか、どうあるべきかは共通した考え方に基づかなければならない。狭い社内で顔を付き合わせわかりあっていた時期は過ぎつつあった。言葉にできなくてもなんとなく誰もが同じような動きをしていた会社の若き頃だ。それに代わり、使命と約束を形にできるようになったことは、いくつも大きな経験をして成長した証である。

クレドは社外秘ではない。むしろオープンに伝えていく。会社の歩みとともに山口が固めてきたこのような理念を発信することは、自社の業務・社会的あり方について責任を引き受ける自信と覚悟を持っていることの表明でもあった。

会社はまた移転の時期を迎えた。神保町からさらに東、ＪＲ総武線に乗り、隅田川を越えて錦糸町へ。東京都の東端に近い。駅でいえばあと五つで千葉県に入る。今度は墨田区が共同株主として名を連ねたオフィスビルである。

この場所の賃貸は審査が厳しいことで有名だ。審査委員会が全員一致で了解しなければ入居が許可されない。

実は、神保町へ引っ越した頃、一度審査で落ちている。それが、後から委員会に加わった審査委員が強力に推してくれたのだという。この人は会社の知り合いではなかったのだが、海外生活を経験しており、クロスリテイリングが投資教育を社業としていると知り、そういう会社こそ今後の日本に必要だと他の委員を説得したらしい。

社員は百人になっていた。

引っ越しは、四度目にして初めての形態を取る。

事前の計画と準備をしたのだ。

これまでは余裕がなかった。人が入りきらなくなって場所を探したり、オーナーから退去を言い渡されたり。いや、それ以前に、広さ以外に何かを必要としていたかどうか定かではない。

神保町時代から社内体制が確立してきた。さらに進化して、それまで大まかに二つだった「部」が三つになり、「課」もできる。

◯マネジメント事業部
◯コンテンツ事業部（動画制作課／ウェブ制作課）
◯プロモーション事業部（プロジェクト課／コピーライティング課）

他に全体を俯瞰する部署としての社長室もある。

先述のように別法人が立ち上がってもいた。事業は拡大している。

これは守りであり、攻めでもあった。リスクヘッジであって、また投資教育コンテンツを販売する以外に第二、第三のビジネスを展開していくことは、蓄えてきた力を振り分けて使うポートフォリオ的な意味合いもあるだろう。

全てを収めるスペースを用意するのが錦糸町オフィス移転の主題となった。どうであれば仕事をしやすいか。経験から理想像ができあがり青写真に落とし込まれていく。

○社員百名が余裕で行き来できる動線を確保。
○撮影スタジオの設置。専用だけではなく、会議室兼用のスタジオも作る。
○広い打ち合わせスペース。最大で一度に八件、五十人は集まることができるように。
○カフェ・スペースと無料のバー・カウンターを備える。卓球台も。

「以前より社員がのびのびしている」

矢野は、そう感じている。

移転によって解決した問題があった。神保町オフィスで発生した部署間の齟齬だ。

もともと、それぞれの仕事の内容は近い。まったく違う種類の業務、たとえば営業部門は存在しないし、経理などの間接業務はあっても人数が少ない。

神保町では、それを二フロアに分かれてやっていた。錦糸町ではワンフロアになり、人が歩き回るスペースも確保してある。疑問があれば、すり合わせが必要なら、すぐに話し合えばいい。結果として社内に肯定的な空気が満ちてきた。

コミュニケーション不足が解消されたのだ。

部長職が四人から六人へ増え、現場より上のレベルでのやり取りもスムーズになる。矢野によれば、「仕事を頼む時の言葉に気を使うようになった」。

お互いの立場を思いやる余裕ができてきたのだろう。

とはいえ、組織としては青年期に突入したばかり、まだまだ全力で走り始めたところである。守りに入ることは考えない。変化こそがポリシーだ。

人事異動は多い。誰かが課長になり、リーダーに抜擢される。それも、他の会社のように数週間前に辞令が出て社内周知があって、ではない。いつも突然だ。

思いつきや気まぐれでそうなっているのではない。

何が必要なのか足りないのか、話し合いと確認が行われた結果だ。

あっちで何が足りない、こちらでは変革が必要なのではないか、と問題になれば、手当をしなければならないのだ。

現在あるリソースを使ってやりくりし、人材が足りなければ募集し、補充していく。

いつまでも完成することのないパズルのように、ピースをあちこち置き換えていって、より良い形を探る。

もちろんトラブルは避けられない。急に人が異動すれば、以前の部署に穴が開いてしまうからだ。

つい最近まで苦心して築いてきたワークフローを再構築しなければならず、その転換期に現場は混乱する。

矢野は、部署内のエースとして仕事を任せていた者たちが急に立ち上がった部署のリーダーとなり、去っていく経験を何度か味わった。空いたポジションを埋めるために再び人材を育てていかなければならなかった。

はじめは当惑したという。だが、足りなかったポイントが改善され、会社が以前よりうまく回り始めれば、それも自分の仕事なのだと納得できる。

金本は、サポート部門で数年勤めたあと、社長室へ移って経理を学び、人事に関わるようになり、代表取締役社長を経験している。

しつこいほど、いつもいつもグループ内の管理職たちに頼んでいる。「人を一番に大切にしてほしい」と。

まるで、歴史を辿り直しているかのようである。

学習塾を経営していた山口が、失敗を通じて投資を学び、シグナル配信の成功を経て投資教育へ至る。起業とコンテンツ制作を通じて、共に働く社員たちのために会社を維持発展させていかなければならない、と考え始めた。

その道筋をもう一度、社員たちが自分たちの経験と考えから歩んでいる。少しずつカラーを変えながら。

†
†
†

アベノミクスにより、二〇一三年以降、株価は上がり続け高値安定し、史上最高額を記録した。為替市場は円安になる。

反比例するかのように、日本社会はますます将来への不安が増大した。

資産形成が多くの人々にとって喫緊の課題として浮上してくる。会社に勤めつつ、銀行で巨額のローンを組み、マンション経営に手を染めるサラリーマンが続出した。また、ネット時代の投資財として仮想通貨が急激に人気を得るが、一部で巨万の富を得る者を生んだのみで流行は登場時と同じようにあっという間に落ち着いてしまう。

FXにおいては、日本の個人トレーダーは数十万人を超えるともいわれるほどに増加した。世界のFX市場でかなりの割合を占めているとも推測されている。

二〇二〇年現在、クロスグループの体制は複数の役員がグループ全体を統括する形だ。グループの親会社にあたるC＆Gホールディングス取締役兼社長室室長・金本浩、株式会社Asset Cube取締役・岩田優希、株式会社Works Agency取締役・堀内優、そして、クロスリテイリング株式会社代表取締役・井手海斗である。

最後の決裁者として山口の存在がある。

最も若い井手は二十代半ばを過ぎたところだ。クロスリテイリングの五代目社長となった。中途採用が多いなか新卒で入社した彼は、今のところ、岩田や堀内のような特筆すべきパーソナリティや得意分野があるわけではない。しかし、別のかたちの才能を持っている。努力の量が並ではないのだ。まったくの素人からウェブ・マーケティングやコピーライティングを独自に学んで、急激に力をつけた。

新規開拓分野の広告コピー等を任されたところ、大きな売り上げにつなげてしまった。それは、通常、ウェブだけで契約までこぎつけられる種類のものではないのだが、訴求力のある構成と文章で取引きを成立させたのだ。

以来、井手の手がけるプロジェクトは、規模がより大きくなっても成功していく。山口は金本と相談し、より大きな責任のもとで仕事を任せることにしたわけである。

二度目の東京オリンピックが見送りとなり、新たな項目が世界史に書き加えられた。「COVID-19」新型コロナウィルス感染症が引き起こしたパンデミック。全人類が直面する未知の病気。罹患すればどのような症状に陥るか、パンデミックが始まって半年以上経っても把握しきれない。世界中で多くの人生を破壊した。

膨大な数の人々の職を、居場所を奪い、子どもたちから教育を取り上げた。経済は大打撃を受ける。各国GDP・消費者動向ともリーマンショックを超え、一九二九年の世界大恐慌に並ぶ急降下を記録した。

株式市場も世界全体で急落を経験する。

前年末の中国武漢市での発生を端緒に、先進国、途上国へとあっという間に広がった感染は、三月十一日、世界保健機構がパンデミック状態にあると宣言するまでに広がる。この前後に各国で株は売られた。

日経平均は、翌週十六日に二月から下がり始めていた株価が底をうつ。年初に最高値二万四千円をつけていたものが二ヶ月あまりで一万六千五百円までになったのだ。パニック相場だった。リーマンショック以来の事態だったが、二ヶ月ほどで二万二千円を回復する。

このとき株を売ったのは海外投資家であり、買ったのは国内の個人投資家だったといわれる。また、日銀の大規模ETF買いによる市場介入の影響が大きかった。

為替相場は、ドル、ユーロ、円、その他新興国通貨とも流動的な社会経済情勢にあわせ上下を繰り返したが、少なくとも年の前半には、どこかの国や地域で通貨危機が起こるほどの状況は生まれなかった。


事態が長引くにつれ、経営状況が厳しくなる企業も多くなるなか、クロスリテイリングには、利益が減少するような営業上の問題は到来しなかった。

しかし、世界中のあらゆる企業と同じように業務遂行上の支障には見舞われた。政府による学校の休校要請が出た二月の終わりに社員のリモートワークに移行したのだ。

「いますぐ決断しなければならないと考えた」。

振り返って堀内優は言う。

前代未聞の判断が迫られたこのとき、ちょうど他の役員が海外出張へ行っているタイミングであった。山口も同行しており、意思決定の権限がある者のうち会社に残っていたのは二人のみだった。

ネットを舞台にするeラーニングがビジネスの主軸であるから、リモートワークもしやすいだろうと考えるのは間違いだ。

クロスグループにおける業務は、企画・制作・マーケティングとも、ちょっとした打ち合わせから会議まで、社内のあちこちで話してアイディアを出し、課題を解決している。その場の空気や雰囲気が力となり、個々で考えているだけでは思いつけなかっただろう結論にたどり着くことすらままある。FX講座の第一人者たるクリエイティビティもマックス岩本が驚くスピード感も、その根源はこのような環境にあるのかもしれない。

そして、考えるまでもなく、おそらく彼らのようなスタイルはリモートに向かず、早晩、支障が出てくるだろうことはわかった。

それでも社員と彼らの家族の健康にまつわる緊急事態である。山口はじめ不在の役員たちも、この場にいれば同じように結論づけただろう。クレドの二つめ、〈お互いを認め合う〉は、なにも一般社員同士のためだけにある言葉ではない。会社を引っ張る立場にある者が今のような状況に直面したときにも判断基準となる。

役員二人は、即座に政府の緊急事態宣言より前に全社員のリモート化を決めた。

†††

投資は人生に通じる、と山口は言う。

ＦＸならタイミングを、株なら銘柄を選んで売買する。うまくいくはず、と分析した取引でも、予測が一〇〇パーセント当たるわけではない。損をするかもしれない。

人生のあらゆる選択の場面についても同じように考えられる。

自分の行動や、誰かとの関係についても。

進学先、就職先、恋愛のパートナーの選び方などだ。

投資家としての成長は、損失——大きなピンチ——を経てこそ成し遂げられる、とはあらゆる投資入門で教える第一章だ。

人生の歩みはまさにそのように進んでいく。

会社もまた同じである。

クロスリテイリング、クロスグループという有機体は、危機を通して、悩み、学びながらより高く、より遠くへ、動きを進めている。

十年で大きく成長した。売り上げ、収益、従業員数。外部から数字だけで見れば、順風満帆のように感じられるかもしれない。インターネットを介したＦＸ投資教育の開拓者として、常にトップを走ってきた。会員数が三十万人を超え、売上高はグループ全体で四十三億円に到達している。

だが、振り返れば平坦な期間など続いたことはない。課題に向き合い、目の前に立ちふさがる壁と闘い、乗り越えた。それらがあったからこそ、学んだからこそ、現在がある。

すべてに感謝する時だ。

すでに始まった次の十年は、恩返しをしていかなければならない。

必要とする人が投資テクニックを学び、資産を築くことで経済的自由を手に入れ、消費を通じて地域を活性化し、投資家へと成長しベンチャーなどへ資金提供をする、そんなサイクルを生み出す手助けをするのだ。

国内にとどまっていては達成できないはずだ。

遠くを目指す。より広い世界へと歩みを進める。

壁はより高く厚くなるだろう。さらなる成長が、多くの新たな力が、また必要になる。

あとがき

オンライントレードは二十一世紀に広まった新しい投資活動です。

株式や為替の取引きが自宅に居ながらにして、それどころか、スマホや携帯電話さえあれば、電車の中でも散歩中でも資産運用ができるようになりました。

即時性だけではありません。ここでより重要なのは、散歩をしている普通の個人が見知らぬどこかの会社の収益に関わる取引きをしたり、一国の経済の基礎となる通貨を売り買いできるようになったということなのです。

トレードは難しく、同時に簡単です。

勘を頼りにギャンブルとして参加すれば、丁か半か、五十パーセントの確率で損をする。難しい勝負です。翻って、経験と研究に基づいた取引きならば勝率は上がるので、稼ぐこと自体は難しくなくなる。

大事な資産を投入するのです。たいていの人は後者を選びたいでしょう。勝率を上げていく過程での苦労はまた別の問題です。どのような商売とも変わらない修行期間と考えればよいのではないでしょうか。

クロスリテイリング株式会社は創業からの歳月が十年を越えました。

「企業資産の構築に努め、その資産を周囲のため、新たな事業のため、新たな雇用のために使い、世の中に資金の還流を促し、経済の活性化に役立つ存在となる」

そんなミッションのもと、若き社員たちが日々活躍しています。

「水のように変化する存在でありたい」

私は起業当初から、常にこの思いを経営に反映させようとしてきました。

起業家は大いなる夢と希望を持って会社を立ち上げます。しかし、一年以内に六十パーセントの会社が倒産し、十年経つ頃には九十七パーセントの会社が淘汰され、そして二十年後には、実に九十九・七パーセントの会社がこの世から姿を消します。

夢も希望も潰えて、一家離散、破産する経営者もたくさんいます。

営業に強い会社や社員を大切にする会社、マーケティングに長けた会社、革新的なサービスを提供している会社も、そして大企業であっても関係なく潰れていきます。

しかし、〇・三パーセントにあたる、ほんの一握りの会社は存続し続けます。それはなぜでしょうか。

理由はひとつしかありません。

それは、「時代に合わせて変化できる」からです。

古い体質から脱却できなかったり、時代を読み違えたりしている会社は、その時に求められるサービスや商品を提供できないので、いくら創業時のアイディアが素晴らしくても会社は存続できません。会社が存続しなければ、どんな崇高な志も達成できないのです。

では、時代の流れはどこに存在するのでしょうか。

頭の中身が古臭くアップデートできない大人には理解できない、しようとしない、時として否定さえする若者の世界にこそ、時代に合った生き残りのヒントがたくさんあります。

昔、教育上よくないとされて子どもたちの手から取り上げられたマンガは、今や世界に誇る日本の文化になりました。かつて不良の象徴のように見られていたパンクロックが、年齢や性別や国境を越えて人々のもとに届き、やがて世界を動かすメッセージになり得たことを否定できる者は今やいないでしょう。

さらにもっと最近では、大人たちが否定し、取り上げようとしてきたゲーム、スマホ、SNS、YouTubeなどが、世界経済をけん引し、世の中を大きく変えようとしています。そんな場所から、エネルギーを得て我々は前進するのです。

一度起業したのなら、決して倒産させてはならないし、どんなことがあっても発展させるべきだと思います。

これは東京の片隅で産声をあげた我々のような一企業だけの話ではありません。もっと大きな社会的視点で考えても同様です。そうして時代に合わせて変化する以外には、雇用を守り、新たな産業を生む方法はないからです。

簡単にはいかない。しかし、振り返ってみて、人生というリソースを注ぎ込むのにこれほどエキサイティングな道が他にあるのかと問われれば、いや、これこそ最上の冒険であると我々は胸を張って言えます。

東日本大震災、リーマンショック、様々な災害。近年に起きたこれらの出来事は、社会と経済が密接に結びついた結果として、多くの人々に思いもよらぬ苦難をもたらしました。今また地球規模の危機が迫りつつあります。社会・経済が大きく動揺することでしょう。投資や投資的な思考でどれほど立ち向かえるでしょうか。挑戦は続きます。

二〇二〇年九月

クロスグループ代表　山口孝志

参考文献

『マーケットの魔術師　エッセンシャル版』ジャック・D・シュワッガー／小野一郎訳／ダイヤモンド社
『FXデータブック　平成の為替31年』柳生大穂／standards
『税務署の正体』大村大二郎／光文社

起業は最上の冒険である。道なき道をいくベンチャー起業家とそのカンパニーの物語

2020年11月15日　初版第1刷発行

著　者　山口孝志
編集・制作　金子哲郎
発行人　心道仁人
発行所　敬天舎出版
〒169-0051
東京都新宿区西早稲田2-18-23 スカイエスタ西早稲田2F
電話03（6670）1696
発　売　サンクチュアリ出版
〒113-0023
東京都文京区向丘2-14-9
電話03（5834）2507　FAX 03（5834）2508

印刷・製本　株式会社シナノパブリッシングプレス

執筆協力　湯江たけし

定価はカバーに表記してあります
ISBN978-4-8014-9153-3 C0030

4つの種で仕事と人生はうまくいく。

尾形達也
Tatsuya Ogata

みんな、考えさせられ過ぎ。

会議用の企画が思い浮かばない。仕事に対するモチベーションがない。そんなときに役立つのは、複雑な哲学でも難しい心理学でもなくシンプルな「考え方の種」。「逆転」「信頼」「便利」「合体」。たった1人でたちあげた会社を数年で年商15億円にまで成長させた著者が成功に至るアイデアの源泉について、わかりやすい語り口で解説!

ISBN978-4-8014-9151-9 C0030　定価(本体1400円+税)

KASSORO
PRESENTS

飛ぶチカラ

自由のためのインプット/アウトプット入門

杉本悠翔
Yuto Sugimoto

カッコいいと思うこと。なりたいと憧れるひと。それだけが君の「教科書」になる。

その夜、僕が出会ったのは高齢の少女だった!? 彼女に導かれ、知識と生き方を求め、見たこともない巨大個人図書館に分け入る依頼人を引き受けることになる。異色の学び方小説の誕生!

ISBN978-4-8014-9152-6 C0030　定価(本体1200円+税)

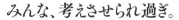